SOULAGER VOTRE ANXIÉTÉ

CONFIANCE EN SOI ET ANTIDOTES NATURELS

LAURENT LACHEREZ

À PROPOS DE L'AUTEUR

Laurent Lacherez est Thérapeute en PNL (Programmation Neuro-Linguistique). Il est l'auteur des best-sellers : *L'anxiété, comment s'en sortir* et *L'Art de lâcher prise*, publiés aux éditions Le Dauphin Blanc.

TABLE DES MATIÈRES

Introduction   vii

PREMIÈRE PARTIE

1. Premier antidote   3
2. Deuxième antidote   7
3. Troisième antidote   11
4. Quatrième antidote   17
5. Cinquième antidote   21
6. Sixième antidote   31
7. Antidote bonus   37

DEUXIÈME PARTIE

Traiter l'anxiété à l'aide des médecines douces   43
1. Agripaume   51
2. Aubépine   55
3. Avoine   59
4. Basilic sacré   63
5. Camomille   67
6. Cataire   71
7. Houblon   75
8. Lavande   79
9. Lobélie   83
10. Mélisse   87
11. Millepertuis   91
12. Passiflore   95
13. Pavot de Californie   99
14. Romarin   103
15. Scutellaire   107
16. Tilleul   111
17. Valériane   115

Les douleurs musculaires   121
Un peu de vocabulaire   125

Bibliographie   127

Si vous désirez aller plus loin   129

INTRODUCTION

Si vous vivez de l'anxiété, il y a fort à parier pour que vous tentiez de développer un contrôle prononcé sur ce qui vous entoure et sur la réalisation de vos désirs. Ayant perdu la maîtrise de ce qui se passe dans votre esprit, même si vous tentez d'arrêter l'hémorragie, vous essayez de compenser en augmentant votre contrôle sur votre environnement ou sur les gens qui vous entourent.

Cette stratégie, à court terme, vous permet de vous assurer une meilleure gestion de vos angoisses en évitant notamment, par toutes sortes de ruses et d'excuses, les situations qui vous déstabilisent, que vous craignez et qui sont susceptibles de vous rendre anxieux. Ainsi, vous parvenez à retrouver un semblant de sentiment de pouvoir, de confiance et de sécurité. Hélas, vous réaliserez bien vite que cet état est une illusion, un leurre et vous réaliserez que ce soulagement est temporaire. La vérité est qu'à long terme, en agissant ainsi, cette stratégie finit par se retourner contre vous et que vous vous retrouvez piégé, car elle génère encore plus d'angoisses en brimant et en réduisant votre liberté d'action.

À l'image d'un randonneur obsédé par le sommet, vous finissez par vous accrocher uniquement à l'idée de la joie ressentie une fois le sommet atteint, mais vous perdez de vue le chemin parcouru pour y parvenir. Ce manque de plaisir est source de tensions intérieures.

C'est en acceptant que vous ne possédez pas un contrôle absolu sur le résultat, que vous pourrez reconquérir le plaisir de la marche qui guide vos pas vers la découverte d'un panorama dont vous ignorez la beauté, car vous avancez avec des œillères. L'anxiété à cette conséquence qu'elle déforme votre regard et vous amène à croire que vous ne pouvez pas entreprendre ce qui vous habite, que vous ne pouvez pas être la personne qui sommeille en vous.

Prendre plaisir à chaque pas posé sur un chemin qui donne du sens à votre vie, découvrir les joies et surprises qui peuvent jalonner votre promenade contribuera tout autant, si ce n'est plus, à goûter au bonheur ; le résultat lui-même devenant alors secondaire. Pratiquer cette forme de randonnée finira par transformer l'état d'esprit dans lequel vous avancez en rendant le chemin fréquenté plus important et appréciable que l'atteinte du résultat.

Ainsi, vous vous offrirez non seulement le bonheur de savourer l'instant présent en vous ouvrant à la découverte des mystères qu'il contient. Vous pourrez être touché par la surprise émotionnelle que le résultat suscitera en vous, au-delà de vos attentes. En d'autres termes, chercher d'abord et avant tout le bonheur à chaque pas que vous posez sans attendre un résultat précis anticipé d'avance dans votre esprit, sans désirer à tout prix (ou à n'importe quel prix) un succès symbolisant une condition indispensable à votre bonheur. Ainsi, vous pourrez lâcher prise sur ce qui vous est inutile et vous attarder davantage sur ce que vous vivez, pensez et ressentez dans l'instant présent.

Dans cette optique, vous allez apprendre à développer une nouvelle relation avec vous-même afin de vous aider à goûter un plus grand bonheur en vivant davantage le moment présent. Que vous en ayez conscience ou non, vous êtes en grande partie la personne qui crée de l'anxiété dans votre vie. Vous le faites à force de répétition, par un ensemble de processus mentaux (images, sons...) que vous renforcez dans votre esprit au point que la cassette joue toute seule, sans même que vous le réalisiez. Cela devient plus fort, vous vous êtes programmé au fil du temps. Voyons quelques outils pour vous aider à vous reprogrammer.

Ce livre est divisé en deux grandes catégories d'antidotes. La première catégorie a pour objectif de prévenir l'apparition et l'installation de l'anxiété au niveau cérébral, de vous aider à mieux orienter vos pensées et recouvrer ainsi davantage de maîtrise sur vous-même. Le corps et l'esprit étant relié, vous ne pouvez réellement parvenir à soulager votre anxiété si vous ne vous occupez pas de ces parties formant un tout. C'est pourquoi, dans la seconde section du livre, vous trouverez une information concise sur l'utilisation de la phytothérapie pour supporter et renforcer votre organisme durant les périodes d'angoisses.

L'utilisation des plantes médicinales se veut une forme de médecine globale qui agit progressivement sur l'organisme. Le choix des plantes que vous ferez sera fonction des symptômes que vous vivez. Cette partie du livre se veut un guide vous permettant de faire un choix plus éclairé et de vous rendre plus responsable dans votre processus de guérison. Il vous appartient malgré tout de vérifier avec votre médecin ou un professionnel qualifié toute interaction médicamenteuse possible si vous suivez déjà un traitement. Vous trouverez malgré tout pour chaque plante les contre-indications les plus courantes s'il y a lieu.

Je vous souhaite bonne route, et j'espère sincèrement que les pages suivantes vous aideront à soulager la souffrance que l'anxiété vous cause et que votre qualité de vie en sera améliorée.

PREMIÈRE PARTIE

SIX ANTIDOTES POUR PRÉVENIR
L'ANXIÉTÉ PSYCHOLOGIQUE

PREMIER ANTIDOTE

DÉVELOPPER DEUX NOUVELLES ATTITUDES

Nous allons commencer par de nouvelles attitudes que vous allez chercher à vous approprier pour désamorcer votre stratégie d'évitement. Au début, bien sûr, comme pour un nouvel apprentissage, vous trouverez sûrement cela mal aisé et inconfortable. Cela ne doit pas être une excuse pour vous empêcher de continuer. Donnez-vous un peu de temps, vous le valez bien !

Tentez de modifier votre attitude en commençant par des contextes qui sont relativement faciles pour vous, histoire de vous faire la main, ensuite, vous pourrez augmenter le niveau de difficulté des défis.

PREMIÈRE ATTITUDE : RELATIVISER

Il est très limitant et stressant de penser, parler et fonctionner de manière absolue dans une société où le changement est rapide et omniprésent. Pour mieux y faire face, il vous sera beaucoup plus bénéfique de relativiser.

Portez une attention particulière sur votre perception des évènements extérieurs et observez le choix de vos mots. Parfois, il peut-être plus facile par commencer d'écrire ce que vous pensez tous les jours. Prenez un moment au début ou en fin de journée, écrivez comment vous percevez vos problèmes qui vous angoissent puis relisez-vous. Soulignez les mots qui sont absolus, catégoriques, définitifs, qui n'offrent aucune autre alternative, aucun autre point de vue.

Ensuite, remplacez ces mots par des termes relatifs, offrant le bénéfice du doute. Utilisez plus souvent des expressions comme peut-être, je m'en soucierai demain, etc. Cessez de penser et d'agir comme si vous saviez tout ou si vous étiez en contrôle de tout. Il s'agit d'ouvrir votre esprit aux nouvelles possibilités que vous n'avez pas encore prises en compte. La deuxième attitude vous y aidera.

Deuxième attitude : douter positivement

Utiliser le doute dans son aspect positif vous aidera grandement à prendre vos hypothèses moins au sérieux, à les remettre en question tout en vous offrant d'autres points de vue. Développer votre aptitude à douter des conclusions que vous faites et de votre perception vous aidera à nuancer ce que vous considérez comme définitif, absolu.

Après tout, la seule chose dont vous pouvez être sûr, c'est que tout change, à chaque instant. Puisque la vie est ainsi faite, comment pouvez-vous affirmer sans l'ombre d'un doute que ce que vous vivez ne va pas changer à un moment ou l'autre ?

Le doute, lorsque vous l'utilisez de cette manière deviendra un allié puissant pour dédramatiser une situation, pour vous offrir la possibilité de prendre de nouvelles décisions et d'agir dans ce sens. Il vous aidera à cesser de vous regarder la circonférence du nombril et à orienter votre regard de façon à redonner un autre sens à votre vie, à faire de nouveaux choix sans vous donner des coups de bâton sur la tête.

Si vous envisagez le doute comme un jeu, vous pourriez alors envisager tout ce qui vous arrive comme une occasion de vous pratiquer.

Pour mieux vous y aider, n'hésitez pas à dresser une liste de termes, d'expressions et de mots qui vont vous ouvrir la porte du doute positif. Prenez la ferme décision de les mettre en pratique, pendant au moins trois semaines, afin de faire l'expérience des résultats qu'ils peuvent vous procurer.

Par exemple, vous allez penser et communiquer en utilisant :

- Éventuellement
- Je suis curieux de...
- Peut-être que...
- Il se pourrait que...

En mettant en pratique ces deux nouvelles attitudes dans votre vie, vous commencerez à y injecter deux puissants antidotes qui vont vous prévenir de l'anxiété inutile et para-lysante. Vous reprendrez la maîtrise de vos pensées et vous les orienterez plus facilement vers de nouvelles pistes de solutions. Vous retrouverez ainsi votre capacité d'action. Voyons maintenant comment mieux orienter vos pensées.

DEUXIÈME ANTIDOTE

ORIENTER EFFICACEMENT SES PENSÉES

Après avoir traversé une étrange forêt et errer dans un long tunnel mystérieux, Alice au pays des merveilles commença prudemment à explorer son environnement. Son voyage la conduisit à un carrefour où des panneaux indicateurs étaient orientés dans toutes les directions.

Très perplexe, elle avisa une chenille géante qui fumait tranquillement la pipe, assise dans un arbre : « Excusez-moi Monsieur, voulez-vous me dire quelle route je devrais prendre ? »

Sagement, la chenille demanda : « Ça dépend mademoiselle, où voulez-vous aller ? » Toute surprise par cette question, Alice répondit : « Mais, je ne sais pas, je n'en sais rien ! »

« Dans ce cas n'importe laquelle, rétorqua la chenille, prenez n'importe laquelle des routes, elles feront toute votre affaire étant donné que vous ne savez pas où vous voulez aller... »

Comme pour Alice, afin de trouver plus facilement la route que vous allez prendre, il vous appartient de définir avant votre départ la destination que vous souhaitez atteindre. En d'autres termes, il est essentiel pour chasser les doutes négatifs et les inquiétudes de définir précisément ce sur quoi vous allez orienter vos pensées.

Ainsi, en restant concentré sur votre objectif, il vous sera plus facile de développer votre capacité à progresser vers ce que vous désirez, sans oublier d'y prendre plaisir, bien entendu. Cela stimulera votre motivation, votre courage et votre persévérance à poursuivre votre route.

Vers quoi orienter vos pensées ?

Écrivez ce que vous désirez par rapport à la situation qui vous angoisse. La formulation de votre objectif, et donc de ce à quoi vous allez dorénavant penser, tient compte des critères suivants :

1. Positif : Formuler votre objectif de façon affirmative, sans aucune négation, mais en termes positifs.
2. Réaliste et atteignable : La réalisation de votre objectif dépend uniquement de vous, vous en êtes donc entièrement responsable. Vous seul pouvez en initier les changements. Vous formulez donc votre but en utilisant des verbes d'action (prendre, faire, agir, dire, etc...).
3. Spécifique et contextuel : Cela signifie que la définition de votre objectif est précise et utilise des termes concrets. Elle utilise les cinq sens et vous permet de vous associer à votre objectif : vous le voyez, vous l'entendez, vous le sentez, etc.

4. Vérifiable et observable : Vous devez pouvoir valider la réalisation de votre objectif en l'expliquant par des termes sensoriels. Vous savez que vous avez atteint votre but lorsque vous voyez, entendez, ressentez... De même, autrui sait que vous avez atteint celui-ci lorsqu'il voit... entend…

5. Écologique : Les conséquences de la réalisation de votre objectif sont en harmonie et respectent votre environnement, vos proches, vos amis, etc. Dans le cas contraire, les dualités engendrées seront autant d'obstacles sur votre route.

6. Préserve les gains secondaires : Au regard du nouvel objectif de votre choix, il se peut que vous perdiez des avantages que vous procure la situation dans laquelle vous êtes et que vous désirez changer. Lorsque vous définissez votre but, prenez soin d'inclure dans sa formulation les gains secondaires que votre situation actuelle vous procure, au-delà de l'inconfort apparent.

Voici dans le tableau suivant une série de questions vous permettant de respecter les conditions mentionnées ci-dessus lors de votre définition d'objectif.

Mon objectif est de : …………………

CRITÈRES DE MON OBJECTIF	QUESTIONS	MES RÉPONSES
Formulation positive	En quoi est-ce important ? Qu'est-ce que cela va m'apporter de l'atteindre ? De quoi ai-je besoin? (ressources nécessaires) Ai-je les ressources nécessaires ou dois-je les acquérir ? Si je dois les acquérir : avec qui ? Quand ? Comment ?	
Spécifique et contextuel	Qui sera impliqué dans la réalisation de mon objectif ? Dans combien de temps est-ce que je veux réaliser mon objectif ?	
Vérifiable et observable	À quoi saurai-je que j'ai atteint mon objectif ? Qu'est-ce qui m'indique que je suis sur la bonne route ? Qu'est-ce que je vois, entends, ressens qui me prouve que j'avance ?	
Écologie	Quels sont les inconvénients de l'atteinte de mon objectif : Pour moi ? Pour les autres ? Quelles sont les solutions à prévoir pour contrer ces inconvénients ?	
Préserve les gains secondaires	Y a-t-il un avantage à ne pas atteindre mon objectif ? Que puis-je perdre en l'atteignant ? Quelles solutions sont à prévoir pour préserver les gains secondaires ?	
Le prix à payer	Combien de temps, d'énergie, d'argent ? Quelle est la réelle priorité ?	

Par quoi puis-je commencer maintenant ?

TROISIÈME ANTIDOTE

TRANSFORMER LE LANGAGE DE L'ANXIÉTÉ

Votre anxiété s'exprime d'abord et avant tout dans votre tête, au-delà même des évènements extérieurs. C'est votre discours intérieur qui, en lien avec ce qui existe à l'extérieur de vous, détermine, en partie ou en totalité, votre interprétation de ce qui se produit. Aussi, c'est en travaillant sur vos pensées, la façon dont vous vous parlez et les images que vous créez dans votre esprit que vous avez le pouvoir de mieux maîtriser votre état émotionnel. Cela vous permettra de moins vous laisser perturber par ce qui se produit dans votre vie. Voyons comment identifier le discours de l'anxiété.

LE LANGAGE RELATIF À L'ANXIÉTÉ SE CARACTÉRISE PAR :

1. Un pessimisme, un négativisme omniprésent qui filtre ma réalité à travers des lunettes noires.
2. Une répétition et amplification des scénarios conduisant à une sorte d'obsession qui me fait

emprunter encore et encore la même route
neurologique dans ma tête.
3. Une attitude de victime.
4. L'utilisation de mots ou d'expressions absolues,
définitives, catégoriques, non appropriées dans un
monde où le relatif et le changement prédominent.
5. La confusion entre les besoins réels et les désirs.
Ces derniers ayant du coup un caractère vital,
indispensable alors qu'il n'en est rien. Cela apporte
une pression, un sentiment d'urgence, source
inutile d'anxiété. D'un point de vue sociologique,
on distingue au moins deux types de besoins :

- les besoins primaires qui correspondent aux
besoins physiologiques élémentaires, donc vitaux.
Il s'agit de : boire, manger, dormir, respirer, se
reproduire, etc.
- les besoins secondaires, appelés aussi besoins
matériels, qui sont pour ma part des désirs. Leur
satisfaction n'est donc pas vitale au même titre que
les besoins primaires.

Bien entendu, cette classification est subjective et varie
selon l'individu, son environnement et le contexte social.
Cependant, on peut dire que les besoins humains sont limi-
tés, quantifiables tandis que les désirs, eux, peuvent être infi-
nis, illimités.

La confusion entre les deux types de besoins est source
d'anxiété, car elle transforme ce qui est non vital en essentiel,
en un élément indispensable à sa propre survie alors qu'il
n'en est rien. Ceci se reflète dans le langage, le choix des
mots. En les modifiant, vous pouvez agir de manière significa-
tive sur votre anxiété et rétablir une perception plus

réaliste de ce qui est réellement essentiel et de ce qui l'est moins.

EXEMPLES DE DISCOURS ANXIOGÈNE :

- Il n'est pas question que je me ré-embarque dans une relation...
- Si jamais il fallait que je perde mon emploi...
- Il faut que je trouve une solution rapidement...
- Je dois absolument tout bien faire...
- Je n'ai pas réussi à dormir tellement la situation me préoccupe...
- Ce serait terrible de me séparer...
- Je ne peux pas me mettre en colère, sinon les gens vont penser de moi que...
- J'ai besoin d'une voiture, j'ai besoin de partir en voyage, j'ai besoin de...
- J'attire toujours le même genre de personne...
- Je n'y arriverai jamais...
- Personne ne veut de moi...
- Je veux coûte que coûte...
- J'espère qu'il va m'appeler...

METTRE À JOUR VOTRE LANGAGE INTÉRIEUR

Tous les jours, à partir d'une feuille divisée en deux colonnes, vous allez écrire :

- dans la première colonne toutes les pensées

anxiogènes, les idées absolues qui vous traversent l'esprit, votre frustration, votre colère, etc.

- dans la deuxième colonne, vous allez transformer ce que vous avez noté. Ainsi, l'absolu devient relatif, le désespoir devient de l'optimisme, l'impuissance devient intention de faire, l'inutilité devient apprentissage, etc.

EXEMPLES DE MODIFICATIONS :

Mes pensées anxiogènes	Mon nouveau langage
J'ai besoin (absolument...)	Je désire, je souhaite, j'aimerais
Je dois, il faut	Je préfère, j'ai l'intention de... ce serait mieux...
Il va encore oublier de...	Je suis curieux de savoir...
C'est toujours la même chose...	Peut être que oui, peut être que non, voyons voir s'il va...
Je n'y arriverai jamais	Je peux y arriver jusqu'à un certain point
La vie est difficile	Il y a des jours plus faciles que d'autres
Si jamais je devais perdre mon emploi	Aujourd'hui, je n'ai aucune raison de perdre mon travail alors j'y repenserai ... (Si j'en vois concrètement, demain...)
Ce serait terrible si je me séparais	Une séparation aurait ses difficultés et ses avantages.
Il faut que je trouve une solution rapidement	Je peux prendre un certain temps...

Transformez chacune de vos pensées parasites en sa contre partie libératrice et adoptez ce nouveau langage durant toute votre journée. À la fin de celle-ci, demandez-vous ce qui a été différent dans votre ressenti ? Avez-vous vu de nouvelles opportunités ?

Chaque jour, je sème en moi de nouvelles pensées et je reste curieux d'en découvrir les fruits.

QUATRIÈME ANTIDOTE

SEMER EN SOI DE L'AMOUR

Apprendre à s'aimer... c'est un peu comme apprendre à faire du vélo ou à marcher. Vous souvenez comment cela s'est passé pour vous ?

Au début, vous aviez peut-être peur de vous lever. Vous cherchiez dans votre corps la force nécessaire pour que vos jambes se dressent et pour parvenir à vous tenir debout. Vous avez peut-être eu envie d'utiliser l'aide d'un meuble ou d'une personne pour mieux y arriver. Et puis vous êtes tombé. Combien de fois ? Mais vous vous êtes sûrement relevé, n'est-ce pas ? Sinon, vous ne sauriez pas marcher aujourd'hui, ni même courir. Encore et encore, vous vous êtes levé, jusqu'à ce que vous trouviez votre équilibre. Souvenez-vous... Cela ressemblait-il à un jeu ?

Alors, fort de cette première victoire, vous avez décidé de passer à un autre niveau. Un niveau supérieur et vous avez décidé de lever une jambe, faire votre premier pas ! Peut-être était-ce la jambe gauche ou la droite ? Qu'importe... cela est sûrement venu naturellement. Et justement, c'est venu sans réfléchir, car apprendre à marcher, tout comme apprendre à s'aimer, c'est quelque chose de naturel, d'inné, que l'on porte en soi. Vous ne croyez peut-être pas ? Alors, pensez bien à ceci. Si vous ne pouviez marcher... croyez-vous réellement que votre corps, votre inconscient aurait pu vous donner le désir de vous tenir debout et d'avancer. C'est inné, c'était déjà en vous, tout comme la vie est en vous et circule en vous, l'amour est aussi en vous, telle une graine qui ne demande qu'à germer, qu'à être arrosée et exposée au soleil.

Sans doute en va-t'il de même avec l'amour. Accordez-vous le temps de semer des graines en vous et dans votre vie, arrosez-les, un peu chaque jour et donnez de la chaleur, de la lumière et vous verrez. Elles vont pousser !

Parfois, l'amour est déjà là, tout autour de nous, mais on est tellement occupé à vouloir donner pour avoir de la reconnaissance que l'on s'interdit la possibilité de recevoir. Quel espace dans votre vie vous offrez-vous pour recevoir ce que les autres souhaitent vous offrir ? Vous laissez-vous toucher par un compliment, un regard plein de tendresse de vos enfants ? Un câlin ?

Pour vous y aider et renforcer l'analogie ci-dessus, je vous propose un exercice de visualisation qui va sûrement vous aider à entrer en contact avec l'amour. Mais vous savez, vous n'êtes pas obligé de le voir si vous n'y arrivez pas. Chacun à sa façon de visualiser, il est possible que vous ressentiez davantage les choses, comme une vague impression, comme la sensation des rayons du soleil qui caressent votre peau, ou comme un vent tiède qui viendrait jouer dans vos cheveux. Ou bien, vous êtes plus doué avec les sons, pour vous raconter des histoires. Vous allez alors davantage « entendre » l'amour, telle une musique qui résonne quelque part, en vous, ou en dehors de vous.

EXERCICE POUR APPRENDRE À S'AIMER

Fermez vos yeux. Prenez quelques bonnes respirations et détendez-vous, relâchez, laissez-vous aller autant que c'est bon pour vous.

Imaginez une personne qui vous aime et avec laquelle vous avez une belle relation (un de vos enfants, une amie proche, un oncle, une tante, etc.), une personne qui compte vraiment pour vous.

Prenez le temps de la voir aussi précisément que possible. Ses cheveux, les traits de son visage, la couleur de ses yeux. Ou sentez sa présence, là devant vous. Chacun visualise à sa manière vous savez. Ce qui compte, c'est que cela vous semble réel, que ce soit comme si cette personne est réellement devant vous !

Ensuite, vous allez sortir de votre corps. Si, si, vous pouvez le faire. On peut faire tellement de choses par la pensée.

Quittez votre corps et entrez dans le corps de la personne qui est devant vous. Installez-vous dedans, un moment, doucement.

Lorsque vous y êtes, regardez-vous vous-même à travers les yeux de cette personne qui vous aime. Cherchez les réponses aux questions suivantes :

- Que voyez-vous ? À quoi ressemble la personne qui est en face de vous ?
- Qu'est-ce que vous appréciez le plus chez elle ?
- Qu'est-ce que vous aimez de cette personne devant ?
- Nommer aussi toutes les choses qu'elle a accomplies dans sa vie et que vous admirez.
- Que ressentez-vous pour elle ?

Prenez une bonne respiration pour vous remplir de ces bonnes sensations et du plaisir que vous avez à connaître cette personne, de l'avoir pour amie.

Ensuite, remerciez votre ami(e) de vous avoir prêté son corps un moment et quittez-le pour revenir dans votre propre corps, en conservant tout ce que vous avez vu et ressenti.

Entrez alors en vous, dans votre propre corps et laissez toutes les bonnes choses que vous avez emportées en vous rayonner là, dans votre tête, dans votre cœur, dans vos tripes, vos jambes et même vos doigts de pied.

Revenez tranquillement dans la pièce où vous êtes. Comment vous sentez-vous ?

Laissez-moi savoir votre expérience et surtout, souvenez-vous bien de ceci :

Si vous souhaitez vous aimer davantage, c'est que vous avez déjà cet amour en vous, ce potentiel, sinon, vous n'auriez pas ce désir !

CINQUIÈME ANTIDOTE

TRANSFORMER SES CROYANCES

Maintenant que vous avez pris davantage conscience de votre discours intérieur, que vous commencez à développer votre capacité à l'améliorer, que vous semez de l'amour en vous, vous constaterez sûrement que la plupart de vos virus de pensées découlent de croyances que vous avez héritées ou forgées durant vos succès comme vos « échecs ».

Découvrir les croyances en arrière de vos pensées et qui briment vos actions, c'est vous offrir le choix de continuer à les utiliser si celles-ci vous sont utiles ou de les faire évoluer, de les réactualiser afin qu'elles vous aident à vous épanouir professionnellement et personnellement.

Quand je parle de croyances, j'entends d'abord et avant tout l'image que vous avez de vous-même. Mettre à jour vos croyances, c'est prendre conscience de là où vous en êtes rendu dans l'estime de soi et à partir de cette photo du moment, la fortifier pour qu'elle grandisse. Mais qu'est-ce que c'est au juste ?

L'estime de soi repose sur la perception que l'on a de son monde intérieur et sur l'évaluation de soi-même à partir des images de soi, de ses dialogues intérieurs avec soi et de son ressenti.

On distingue deux formes d'estime de soi :

- l'estime de soi pour sa personne et,
- l'estime de soi pour son agir.

Ainsi, certaines personnes se valorisent seulement en raison de leurs attributs personnels (beauté, qualités, entregent, charme, etc.) et d'autres, seulement en raison de leurs actions (réalisations, travail, compétences, service, discipline, etc.). Bien loin de devoir choisir entre ces deux formes de l'estime de soi, il est important de les cultiver toutes deux pour acquérir un équilibre de vie.

L'estime de soi dépend donc des perceptions de soi. La programmation neurolinguistique nous apprend que nous construisons la réalité à travers nos sens et essentiellement de façon visuelle, auditive et émotionnelle.

Ainsi, la perception que nous avons de nous-mêmes dépend de la manière de se regarder, de se parler et de se sentir. Vous avez exploré votre manière de vous parler et agi ainsi sur vos émotions de sorte que la relation entre les deux devienne plus évidente. Il est temps maintenant de savoir vraiment comment vous vous regardez.

L'être humain est constamment en train de percevoir et de juger sa personne ainsi que ses actions soit de façon favorable, soit de façon défavorable.

Toutes ces croyances que vous développez sur vous-même, sur votre environnement et sur la vie contribuent grandement à construire l'image que vous avez de vous-même. Or, comme je le dis souvent dans mes conférences, l'anxiété traduit une façon de se percevoir soi-même.

Par conséquent, en modifiant votre langage intérieur, vous avez déjà commencé à influencer et à ramollir les croyances qui se sont forgées dans votre esprit, et vous allez pouvoir améliorer votre image de vous-même, donc, votre estime. Cela vous aidera à réduire les conflits intérieurs qui génèrent de l'anxiété dans votre vie. Vous retrouverez plus de confiance et d'audace.

Vous êtes maintenant prêt à changer vos croyances !

NETTOYER LES ARAIGNÉES DES CROYANCES

Faire l'examen de vos croyances, notamment par rapport à un objectif particulier (professionnel, sentimental, spirituel...) vous permettra de découvrir vos résistances et les processus limitants en jeu (doutes, peurs, croyances négatives, colère, culpabilité…).

L'exercice que je vous propose n'est pas de mon cru, mais je l'ai trouvé tellement pertinent, que ce serait un péché de ne pas vous le partager. Il y a quelques années, une amie et collègue m'a offert un livre : « Entrez dans la magie, un pied dans chaque monde », de Gill Edwards, aux éditions IFHE. À mon tour, je fais circuler ce cadeau en espérant que cela en sera un pour vous également.

Afin de bien faire cet exercice, acceptez de vous laisser surprendre et résister à la tentation de censurer vos pensées. Pour cela, notez-les dès qu'elles apparaissent dans votre esprit.

PREMIÈRE ARAIGNÉE :
Dessinez une première araignée dans laquelle vous allez écrire ce que vous voulez. Votre araignée ressemblera à un

cercle d'où partent des traits en guise de pattes. Vous pourriez noter dans le centre : « Je veux (acheter une maison)... » Puis, au bout de chaque patte, inscrivez les détails ou qualités auxquels vous pensez (isolée, cheminée, 3 chambres...)

Deuxième araignée :

Dans un deuxième dessin, écrivez pour chaque patte de l'araignée les raisons pour lesquelles vous désirez votre objectif. Par exemple : pour mieux réaliser votre vie, vous épanouir, offrir un lieu de vie sein à vos enfants, etc.

Il est important d'avoir une idée claire et cohérente de ce que vous voulez. Trop souvent, nous avons tendance à changer d'avis, parce que nous ne sommes pas sûrs de ce que nous voulons ou parce que des peurs nous font avancer d'un pas puis reculer de deux.

Troisième araignée :

Écrivez les croyances que vous avez concernant ce que vous voulez. Cela peut être des messages transmis par les médias, des amis, des souvenirs provenant du passé, de vos parents, de votre éducation, d'un moment particulier à l'école. Acceptez de vous laisser surprendre par ce qui vous traverse l'esprit sans censurer les pensées que vous trouvez stupides !

Quatrième araignée :

Inscrivez dans le ventre de l'araignée : « Ce qui m'empêche d'avoir ce que je veux » et notez au bout de chaque patte de l'araignée ce qui vous bloque. Précisez pourquoi vous ne pouvez pas avoir ce que vous voulez. Cela peut être : « Je ne me le permettrais pas, mes relations amoureuses sont toujours problématiques, je suis trop vieux... » Quelles sont vos excuses ?

Cinquième araignée :

Inscrivez dans le cercle : « Si j'obtiens (votre objectif), j'ai peur de... » Puis complétez la phrase par autant de pattes que d'idées vous traverse l'esprit. C'est une façon intéressante d'exploiter ses peurs qui peuvent bloquer le processus de réalisation de votre objectif. Par exemple, vous pourriez écrire : « Il vaut mieux que je n'obtienne pas (mon objectif), car... ou le côté positif de ma situation est que... »

Sixième araignée :

Écrivez vos préjugés, vos pensées négatives concernant votre regard des gens qui ont ce que vous voulez !

Dans le cercle, inscrivez : « Les gens qui ont (mon objectif) sont... » et complétez la phrase avec les pattes de l'araignée. Par exemple : « Égocentriques, snobs, méchants, seuls... »

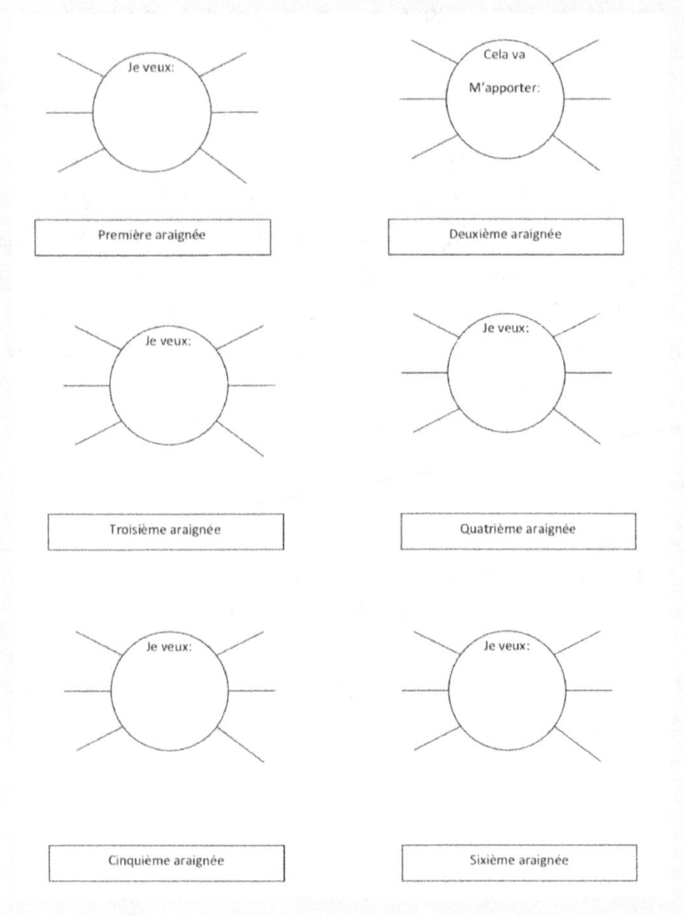

DÉSAMORCER LES CROYANCES LIMITANTES

1. Identifier une impasse, une difficulté qui vous bloque, une croyance limitante sur vous- même, autrui ou un contexte.

2. Demandez-vous et répondez aux questions suivantes :

- Quel est le prix que vous payez pour cette croyance ?
- Qu'est-ce que cette croyance vous empêche de faire, d'être, de dire, de ressentir ?
- Quelles sont les émotions négatives qui découlent de cette croyance ?
- Qu'est-ce que cette croyance vous a empêché d'apprécier dans votre passé, de réussir, d'oser, de vivre avec les gens, dans votre carrière, etc. ?

3. Fermez les yeux, prenez quelques bonnes respirations, profondes, lentes et permettez-vous de relaxer, de vous détendre tout en prenant une position confortable. Imaginez que vous allez dans le futur, 5 ans plus tard, en voyageant avec une machine, en quittant votre corps ou de toute autre manière inspirante. Apportez avec vous toutes les conséquences, les pensées et les sensations liées à votre croyance limitante et demandez-vous :

- Quelles sont les conséquences après dans 5 ans ?
- Qu'arrive-t'il à votre couple, votre carrière, vos enfants, vos amis, vos projets si vous conservez votre croyance limitante ?
- Comment vous sentez-vous ?

4. Conservez toutes ces sensations, ces conclusions et voyagez encore plus loin. Voyez-vous maintenant dans 10 ans et restez complètement associé aux images, sons et

sensations qui vous viennent. Posez-vous les questions suivantes :

- Qu'est-ce que vous n'avez pas osé réaliser dont vous rêviez il y a 10 ans ?
- À quoi ressemble votre vie en comparaison à ce que vous souhaitiez qu'elle soit ?
- Qu'est-ce que vous n'avez pas vécu, fait, ressenti que vous auriez pu vivre si vous aviez changé votre croyance limitante ?
- Qu'est-ce que votre conjoint(e), vos enfants, vos amis, parents et collègues perçoivent de vous ?

5. Revenez au présent, ouvrez les yeux et notez vos réponses aux questions ci-dessus. Ensuite, demandez-vous :

- Quel genre de vie désirez-vous vivre dans 5 ans ?
- Quelle image de vous souhaitez-vous incarner dans 10 ans?
- Qu'est-ce que vous souhaitez offrir comme modèle à vos enfants, conjoint, amis, collègues, etc. ?
- Quels sont les rêves que vous souhaitez réaliser ?

De toute évidence, les conséquences futures de votre croyance limitante n'ont pas encore eu lieu et il vous est donc possible de décider de changer cette pensée au profit d'une nouvelle qui vous aidera à changer votre regard et votre vie.

Écoutez votre intuition, faites appel à votre inspiration et créativité en accueillant la première idée qui vous traverse l'esprit afin de trouver la bonne manière pour vous de dire au revoir à votre ancienne croyance. Il est important que ce ne soit pas juste cérébral, intellectuel, mais bel et bien ressenti et vécu dans votre corps.

Libérez-vous de votre ancienne croyance en la remerciant de ce qu'elle a pu vous offrir d'agréable, demandez-lui de prendre sa retraite et de vous aider ainsi à mieux réaliser vos rêves. Vous pouvez sinon écrire mentalement ou physiquement votre croyance limitante et mettre une croix dessus, l'enterrer, la brûler, etc.

6. Développez une nouvelle croyance

Remplacez votre ancienne croyance en écrivant ou en évoquant dans votre tête une nouvelle croyance plus pertinente qui accompagnera vos projets. Faites la résonner dans votre tête, dans votre corps en la prononçant à voix haute, en l'écrivant, en la chantant. Peut-être qu'au début, cela sonnera faux, bizarre ou que vous n'y croirez pas. Et c'est normal ? Il n'est pas nécessaire d'en être convaincu tout de suite pour entrer en contact avec. Autorisez-vous à faire sa connaissance, à la nommer.

Fermez vos yeux, remontez dans votre machine à voyager dans le temps et projetez-vous dans 5 ans et découvrez :

- À quoi ressemble votre futur avec cette nouvelle croyance ?
- Quelles sont les choses que vous avez accomplies grâce à elle ?
- Qu'est-ce que cela améliore dans la vie de votre conjoint, vos enfants, vos amis, etc. ?
- Que ressentez-vous à l'égard de vous-même ?
- Comment a grandi votre nouvelle croyance ?
- Quelle image avez-vous de vous-même ?

7. Retour et nouveau départ

Ouvrez les yeux pour revenir tranquillement ici et maintenant. Quel est le premier engagement que vous pouvez prendre pour la semaine à venir afin de consolider votre nouvelle croyance ? Faites-le dès que possible !

Renforcer votre nouvelle croyance

Lorsque vous aurez fini cet exercice, vous avez un suivi de maintenance à effectuer afin de vous assurer que vous allez intégrer votre nouvelle croyance. En effet, selon les dernières découvertes en sciences cognitives, il nous faudrait environ trois semaines afin de parvenir à développer un nouveau circuit neurologique dans le cerveau et défaire celui anciennement utilisé. Une des façons les plus simples et efficaces que j'ai eu l'occasion de mettre en pratique avec mes patients, après avoir fait un changement de croyance, consiste à utiliser quelques affirmations quotidiennement afin de renforcer votre nouvelle croyance, mais surtout, de transformer celle-ci en action durant la journée, de porter une attention particulière aux situations ou aux personnes qui sont en accord avec votre nouvelle croyance, c'est-à-dire qu'elle est vraie. Vous pouvez même tenir une sorte de cahier journalier dans lequel vous noterez deux ou trois actions ou situations corroborant la croyance que vous souhaitez intégrer.

Si vous manquez d'inspiration, vous pouvez vous référer au chapitre ***Antidote bonus : Citations du bonheur*** et choisir parmi celles que je vous propose une ou deux pensées qui font écho en vous et que vous pourriez utiliser pour renforcer votre conviction. N'hésitez pas à l'ajouter sur votre réfrigérateur ou sur le miroir de votre salle de bain.

SIXIÈME ANTIDOTE

RENFORCER SON IDENTITÉ

Lorsque vous aurez assimilé votre nouvelle croyance, vous allez vous rendre compte que celles qui lui sont voisines vont évoluer et s'ajuster de façon à réactualiser votre carte du monde (votre perception de la réalité), ainsi que votre image de vous-même.

En effet, l'ensemble de nos croyances constitue notre identité, tout ce que nous pensons sur nous-mêmes, tant au niveau des qualités, que des faiblesses, des possibilités et des craintes qui nous habitent. Il est d'ailleurs impossible de résumer ce que vous êtes à l'aide des mots, ceux-ci sont trop « pauvres » et offrent peu la possibilité de tenir compte de la façon dont vous pouvez évoluer, que ce soit en mieux ou pas. C'est la raison pour laquelle de nombreux spécialistes en psychologie ont décidé d'utiliser l'imaginaire pour aborder cette dimension humaine. Yung, l'un des pionniers en la matière, a très vite développé la notion d'archétype pour l'explorer. L'utilisation de ce type de symbole prend ainsi en considération le fait que nous évoluons et que notre perception de nous-mêmes change. Ainsi, l'interprétation que nous pouvons faire d'un symbole auquel on s'identifie pourra varier selon là où nous en sommes rendus dans notre cheminement. Le symbole continue à nous représenter, mais on lui trouve un sens différent, selon l'aspect de soi-même que l'on incarne le plus au moment où vous donnez un sens au symbole.

Ainsi, pour renforcer votre identité, vous allez faire appel à votre imaginaire et utiliser des symboles qui vous touchent. Les symboles sont nombreux, et il n'y a pas de limites en la matière. La meilleure façon de le choisir est de chercher à faire le vide dans sa tête, de se poser une question et de laisser monter en vous une image, un objet, une plante, un animal, un paysage, tout ce qui peut symboliser la réponse à votre question, sans s'autocensurer ni juger ce qui vous effleure l'esprit.

Choisir son symbole d'identité

Afin de vous donner un peu d'inspiration, voici quelques exemples d'archétypes que vous pourriez utiliser pour illustrer ce que vous voudriez être, classés selon différents thèmes :

- <u>Animaux</u> : lion, ours, cheval, chien, loup, etc.
- <u>Personnages historiques</u> : Jeanne d'Arc, Mère Teresa, Jules César, Louis XV, etc.
- <u>Personnages mythiques</u> : Merlin l'enchanteur, la Reine des fées, un ange, etc.
- <u>Plantes</u> : tournesol, rose, coquelicot, marguerite, etc.
- <u>Phénomènes naturels</u> : montagne, nuage, rayon de soleil, océan, foudre, tornade, etc.

- <u>Transport</u> : avion, train, sous-marin, voiture de sport, fusée, etc.
- <u>Partie du corps</u> : mains, yeux, cœur, cerveau, oreille, etc.
- <u>Autres</u> : livre, fauteuil, harpe, guitare, lampe, kayak, etc.

Comment utiliser l'archétype d'identité ?

Lorsque vous avez trouvé un symbole auquel vous vous identifiez, plusieurs façons de l'utiliser s'offrent à vous. La meilleure ligne directrice à suivre étant de choisir un exercice qui vous touche émotionnellement et vous permet de ressentir que vous êtes, au moins partiellement, ce symbole.

Ainsi, vous pourriez par exemple acheter le symbole en question et le promener partout avec vous, un peu comme un porte-bonheur que l'on accroche à son porte-clés ou bien, imprimez ou dessinez votre archétype et accrochez-le bien en évidence quelque part dans votre logement afin que celui renforce inconsciemment la façon dont vous vous identifiez à lui.

Certaines personnes vont préférer faire une visualisation et imaginer qu'elles sont ce symbole, qu'elles vivent, voient et ressentent les choses en étant lui. D'autres vont préférer porter attention durant la journée aux périodes qu'elles vivent et dans lesquelles elles incarnent l'archétype de leur choix. Il s'agit de chercher les moments où vous vivez votre symbole, ce qui vous permet de ne faire qu'un avec lui, comment vous pensez et agissez durant cette période. Tous les détails qui peuvent vous aider à reproduire cette expérience aussi souvent que possible, afin de vous lier autant que possible.

Transformer son symbole en métaphore

Vous pouvez également inventer une histoire avec votre symbole, un peu comme l'on raconte un conte à un enfant le soir pour l'aider à s'endormir. En thérapie, on parle de métaphore. C'est une histoire qui véhicule les éléments cachés que seul l'inconscient peut repérer et utiliser. Quels sont les avantages d'inclure son archétype d'identité dans une métaphore ?

- Elle permet à une personne d'appréhender la forêt (cerveau droit) au lieu de ne prendre en considération que l'arbre (cerveau gauche).

- Elle renforce la signification des expressions imaginées que les autres ou vous-même utilisez en parlant de vous. Par exemple, « c'est un vrai bijou » peut sous-entendre qu'il s'agit de quelqu'un ou de quelque chose de précieux, de cher, de fragile ou encore de majestueux. Avez-vous remarqué une ou des expressions que l'on utilise à votre égard ?

- La métaphore élargit le champ des possibles en faisant appel à sa créativité pour trouver de nouvelles solutions face à un défi. Elle éveille en nous des prises de conscience.

- Il suffit d'être attentif aux images développées par la personne et de les utiliser pour « débloquer » son imaginaire. Par exemple, si la personne dit : « Étudier pour moi est une montagne », il s'agit d'une image qui représente un obstacle. Si votre symbole est un randonneur, vous pouvez alors l'inclure dans une métaphore où la montagne devient un défi et l'atteinte du sommet se fait progressivement, à l'aide de l'équipement adéquat, d'une carte, etc. Imaginez aussi ce que le randonneur peut vivre une fois parvenu au sommet, peut-être qu'il aura envie de faire l'ascension d'une autre montagne...

En utilisant votre archétype d'identité dans une métaphore que vous vous racontez, vous l'incitez à évoluer et vous créez une relation avec lui qui vous aidera à renforcer une nouvelle image de vous-même plus valorisante. Bien entendu, la métaphore n'a pas toujours besoin de faire appel à des personnes, lieux et évènements relevant du fantastique. Il peut fort bien s'agir de vous-même en train de vivre et d'être tout ce qui vous habite, de vous regarder aller en étant la personne que vous voulez devenir, de faire ce que vous n'osez encore entreprendre. Ce qui compte, c'est que vous en ressentiez de bonnes émotions, même si quelques péripéties jalonnent votre route.

7

ANTIDOTE BONUS

CITATIONS DU BONHEUR

« Désormais, je sais faire durer une seconde de bonheur. Il faut la vivre comme si c'était la dernière : le bonheur n'attend pas. »

— NICOLAS HULOT.

« Quand vous créez un monde tolérable pour vous-même, vous créez un monde tolérable pour les autres. »

— ANAÏS NIN.

« Quoiqu'il advienne, une alternative s'offre toujours à nous : soit voir le bon côté de la chose, soit voir le mauvais côté. »

— SUE PATTON THOELE.

« Rien n'est plus facile que de critiquer. La difficulté réside à convertir ce qui est négatif en positif. »

— WILL ROGERS.

« Si nous n'aimons pas le monde dans lequel nous vivons, il existe toujours l'option de créer le monde que nous désirons par nos actes de bonne volonté. »

— MELADEE ET HANOCH MCCARTY.

« De votre état d'esprit dépend votre bonheur. Vous pouvez regarder tomber la pluie avec une grimace ou un sourire. »

— HERVÉ DESBOIS.

« Le bonheur, c'est un choix. »

— DAVID SANDES.

« Nous ne voyons pas les choses telles qu'elles sont, nous les voyons tels que nous sommes. »

— ANAÏS NIN.

« Le plus grand arbre est né d'une graine menue ; une tour de neuf étages est partie d'une poignée de terre. »

— LAO TSEU.

« Je crois qu'on ne peut mieux vivre qu'en cherchant à devenir meilleur, ni plus agréablement qu'en ayant la pleine conscience de son amélioration. »

— SOCRATE.

« Relâcher sa résistance ouvre la voie à l'acceptation et à la sérénité. »

— SUE PATTON THOELE.

« Le plus grand secret du bonheur, c'est d'être bien avec soi. »

— FONTENELLE.

« Si vous prenez une fleur dans votre main et la regardez vraiment, cette fleur devient votre monde pour un moment. »

— GEORGIA O'KEEFFE.

« Au lieu donc de nous étonner et de nous plaindre du malheur et de la brièveté de la vie, nous devons nous étonner et nous féliciter de notre bonheur et de sa durée. »

— VOLTAIRE.

« C'est dans le mépris de l'ambition que doit se trouver l'un des principes essentiels du bonheur sur la terre. »

— EDGAR ALLAN POE.

« L'homme porte en lui la semence de tout bonheur et de tout malheur. »

— SOPHOCLE.

« Il faut garder quelques sourires pour se moquer des jours sans joie. »

— CHARLES TRENET.

« Quand vous cesser de regarder, vous cessez d'apprendre. »

— DAVID BAIRD.

« Vivre au présent, sans ressasser les ennuis passés ou imaginer ceux qui viendront, est assurément la meilleure voie pour trouver la tranquillité d'esprit. »

— SUE PATTON THOELE.

« Nos préoccupations devraient nous mener vers l'action, non la dépression. »

— KAREN HORNEY.

« Le bonheur est une denrée merveilleuse : plus on en donne, plus on en a. »

— SUZANNE CURCHOD.

« Nous agissons toujours comme si le confort et le luxe étaient essentiels à notre existence, alors qu'il suffit pour être réellement heureux de trouver quelque chose qui nous intéresse passionnément. »

— CHARLES KINGSLEY.

DEUXIÈME PARTIE

LES PLANTES MÉDICINALES POUR SOULAGER L'ORGANISME DE L'ANXIÉTÉ

TRAITER L'ANXIÉTÉ À L'AIDE DES MÉDECINES DOUCES

J'entends par médecines douces tout ce qui vise à soigner l'être humain sans médicament de synthèse, d'une manière naturelle (naturel ne voulant pas dire sans danger pour la santé). Ainsi, la phytothérapie, l'homéopathie, la psychothérapie, la massothérapie, etc. sont des approches faisant partie de cette catégorie et plus ou moins bien reconnues.

Ce manque de reconnaissance suscite une confusion pour la personne cherchant une solution à ses défis. Bien souvent, l'absence de réglementation au Québec offre la possibilité à nombre de charlatans, notamment en psychothérapie et coaching, d'offrir leurs services sans formation complète, voir même, sans autres formations qu'un séminaire de trois jours ! Pour éviter ce genre de dérive, en tant que consommateur, il vous appartient donc de faire preuve de lucidité. Renseignez-vous notamment sur le nombre d'années de formation, l'école, le nombre d'années d'expérience et de l'affiliation à un ordre professionnel, gage que ses membres répondent à certaines exigences. Pour connaître celles-ci, il vous est tout à fait possible, et même recommandé, de contacter personnellement l'ordre professionnel auquel appartient le professionnel que vous souhaitez rencontrer. Avec son nom et son numéro de licence, vous serez en mesure de vérifier son professionnalisme et si des plaintes ont été déposées pour dénoncer sa pratique.

L'idée n'est pas de devenir paranoïaque mais bel et bien de privilégier une confiance, indispensable à une relation d'aide bénéfique.

Personnellement, je combine psychothérapie et phytothérapie. Les deux approches, complémentaires, permettent de soulager les symptômes de l'anxiété tout en travaillant en parallèle ses sources. Le tout offrant des résultats durables et très satisfaisants.

La phytothérapie, c'est quoi ?

La phytothérapie est la plus ancienne forme des médecines dans l'histoire de l'humanité. Elle consiste à supporter les différents systèmes du corps (immunitaire, digestif, urinaire, osseux, lymphatique, nerveux, etc.) pour favoriser, stimuler, renforcer l'équilibre de l'organisme et la santé.

Au début, certaines civilisations attribuaient aux plantes des vertus thérapeutiques, magiques ainsi qu'une âme. Aristote, au IVe siècle avant J.C pensait qu'elles ont une « psyché ». Idée qui sera développé au XIXe siècle par le Docteur Bach avec les élixirs floraux dont nous parlerons plus loin.

Il faudra attendre vers 500 avant J.C pour qu'Hippocrate, « le père de la médecine », affirme que la médecine ne nécessite pas de rituels magiques, rompant ainsi avec le côté mystique. Les siècles suivants assurent les fondements d'un savoir des plantes médicinales.

C'est au XIXe siècle que les laboratoires commencent à

synthétiser les principes actifs identifiés dans les plantes dites médicinales pour assurer la fabrication de médicaments. En 1860, les laboratoires synthétisent pour la première fois un extrait du saule blanc, appelé acide salicylique, un précurseur chimique de l'aspirine. À partir de cette date, médecine et phytothérapie empruntent des chemins différents jusqu'à ce que la médecine acquière une notoriété reléguant aux oubliettes, ou presque, la phytothérapie. Or, les plantes ont bien plus que quelques principes actifs isolés. C'est cette complexité qui leur procure l'immense avantage d'agir progressivement mais plus globalement sur l'organisme, en douceur.

La médecine a donc extrait dans la nature des molécules chimiques qu'elle a identifiées pour les fabriquer synthétiquement. En ce sens, elle n'a pas inventé.

Les plantes médicinales, de part les principes actifs qu'elles contiennent, peuvent contribuer à améliorer la santé de chacun, aussi bien à un niveau physique qu'émotionnel, voir spirituel. Mais de quelles manières pouvons-nous consommer ces alliées de la nature afin d'en retirer les plus grands bénéfices ?

Il convient d'abord d'orienter son choix vers des produits biologiques, qui n'ont pas goûté aux produits chimiques et autres substances du genre, possédant la fâcheuse tendance de détruire les propriétés médicinales des plantes. Ces dernières doivent être conservées à l'abri de la lumière, dans des bocaux de verres opaques, idéalement.

Les préparations herbales les plus courantes actuellement disponibles sur le marché sont les suivantes :

Plante fraîche : C'est l'idéal mais ce n'est pas toujours possible compte tenu du climat.

Plante séchée : Elle est efficace pendant un an, une fois récoltée, parfois deux. Lorsque vous en achetez, choisissez-la de belles couleurs et entière car les feuilles broyées perdent beaucoup plus vite leurs vertus malgré une odeur agréable.

SACHETS DE TISANE : Facile à utiliser, les plantes en sachet vont surtout restituer leurs saveurs mais non leurs propriétés. Vous êtes mieux de choisir des plantes entières et de les infuser vous-même, à l'aide d'une boule à infuser, par exemple.

CAPSULES : Bien que pratique, les capsules conservent leur efficacité si elles sont préparées à partir de racines, sinon la longévité des herbes est limitée. Buvez un grand verre d'eau quand vous les prenez !

COMPRIMÉS : Ils sont faits à partir d'herbes séchées et pressées. Du coup, leur vitalité n'est pas très stable et il se peut que vous attendiez longtemps avant d'en ressentir les bienfaits.

TEINTURES MÈRES : C'est un concentré liquide obtenu en faisant macérer des plantes fraîches dans de l'alcool, du vinaigre ou de la glycérine. Quelques gouttes de teinture mère sont équivalentes à une tasse de tisane. Ce produit se conserve plusieurs années, de 3 à 5 ans, dépendamment de la qualité de l'agent de conservation. Une date d'expiration est mentionnée sur le flacon.

HUILES ESSENTIELLES : On l'obtient en distillant les plantes afin d'isoler ses principes actifs. Il faut savoir comment utiliser l'huile essentielle car sa forte concentration peut en faire un produit dangereux. Son utilité la plus intéressante est l'aromathérapie, c'est à dire, la thérapie par les odeurs. On trouve aussi des huiles de plantes (macération de plantes dans l'huile), des onguents (huile de plantes à laquelle on ajoute de la cire d'abeille) et des élixirs floraux.

ÉLIXIRS FLORAUX : Ils s'inscrivent dans la continuité des découvertes du Dr Bach et sont particulièrement intéressants car ils agissent au niveau des champs électro-magnétiques du corps ainsi que les émotions et les pensées. La préparation d'un élixir est plus délicate et fait appel à la biodynamie, aux propriétés des minéraux et à l'astronomie. Les élixirs sont très pratiques et efficaces à utiliser, car ils n'ont aucune contre-indication ce qui en fait un outil complémentaire très précieux pour ceux et celles aux prises avec des états émotionnels intenses. Ils agissent sur le corps via les pensées et les émotions, pouvant ainsi libérer des peurs, du stress accumulé dans l'organisme, soigner les blessures émotionnelles, favorisant la confiance, l'ouverture, la compréhension. Leurs effets sont subtils bien que tangibles et demeurent une expérience peu coûteuse à vivre.

Il vous en coûtera une dizaine de dollars pour obtenir un élixir composé d'environ 5 plantes. L'élixir se prend au besoin, sous forme de gouttes directement déposées sous la langue pendant une minute puis avalées, ainsi que dans le bain.

Dans le cadre de ma pratique, je suggère à toute personne désireuse d'utiliser les plantes, de travailler avec les herbes séchées ou en teintures mères, ainsi que les élixirs floraux si cette forme de pratique les rejoint dans leurs valeurs et croyances.

Quelques conseils pour consommer les plantes

Sachez que l'infusion se prépare avec de l'eau que vous amenez juste sous le point d'ébullition. Alors, vous retirez la casserole du feu et vous ajoutez les feuilles et les fleurs. Laissez infuser 5 à 10 min et buvez dans la journée même, chaud ou froid.

Si vous êtes sûr de votre coup, vous pouvez mettre les herbes dans l'eau froide ou tiède et faire chauffer ainsi. Si vous faites bouillir, vous allez perdre les propriétés médicinales de votre mélange. On utilise seulement de l'eau bouillante pour les racines et les graines qui sont plus coriaces. On parle alors de décoction.

Il est délicat ici de recommander les plantes ou élixirs car ces remèdes fonctionnent mieux lorsqu'ils sont élaborés en tenant compte de renseignements tels que la médication actuelle, la personnalité, l'alimentation, l'état émotionnel particulier relié à l'anxiété, etc.

Si vous souhaitez utiliser les plantes médicinales, il est préférable de demander conseil afin d'éviter tout désagrément.

Je me souviens d'une patiente à qui j'avais suggéré une infusion composée de plusieurs plantes médicinales pour apaiser ses crises d'angoisse alors qu'elle vivait une rupture amoureuse délicate. Un jour, elle fût tellement bouleversée émotionnellement qu'elle décida de multiplier le dosage que je lui avais recommandé par 3 ! Il en résulta des nausées, vertiges et une forte somnolence qui l'empêcha d'aller travailler mais qui aurait pu avoir des conséquences bien pires si elle avait prolongé la prise d'un tel dosage. En résumé, naturel ne veut pas dire sans danger. Les plantes agissant plus lentement que les anxiolytiques benzodiazépines, il convient de leur laisser le temps de faire leur effet, en respectant la posologie et en assumant la responsabilité découlant du traitement que vous avez choisi.

Bien souvent, en cas de maladie, on s'en remet aveuglément ou presque à un professionnel de la santé. On lui donne la responsabilité de nous guérir, comme si nous n'avions pas de pouvoir sur notre état. Pourtant, la maladie nous appartient et elle découle bien souvent de nos choix de vie. Il est du devoir de chacun, dans la limite de ses possibilités, de prendre du temps pour poser des gestes exprimant l'intention de se guérir, de participer à son bien-être, à une vie en santé. Trop souvent, se soigner est synonyme de prendre des pilules tout en conservant le même mode de vie.

La guérison est d'autant plus favorisée qu'elle s'inscrit dans un partenariat nécessitant une implication personnelle.

Peut-être que les anciens, aux origines de la médecine par les plantes, avaient mieux compris cela que nous ? Ils entouraient leur pratique de la phytothérapie de rituels, pour créer un espace de mise en condition stimulant la guérison, amenant ainsi la personne malade à poser des gestes particuliers, dont la répétition envoyait un message au corps, à l'inconscient, à soi-même que des actions concrètes sont prises pour se donner les moyens de favoriser la santé.

REMARQUE :

Les posologies ci-dessous s'adressent aux adultes. Pour les enfants, le dosage des tisanes peut-être le même que pour celui des adultes, mais à raison d'une tasse par jour pour débuter. Pour les teintures mères, se référer aux recommandations du fabriquant sur le flacon.

1

AGRIPAUME

- **Famille :** Appartient à la famille des Lamiacées.
- **Nom latin :** Leonorus Cardiaca
- **Nom français :** Agripaume cardiaque
- **Nom anglais :** Motherwort
- **Surnoms :** Queue de lion, Herbe aux tonneliers, Herbe maternelle

Petite histoire

Venue d'Asie vers le VIIe siècle, l'agripaume s'est ensuite répandue dans presque toute l'Europe. Sa renommée est brillante car cette plante, bien que banale, est fort efficace pour des troubles cardiaques purement nerveux comme les palpitations. Elle ramène l'équilibre psychique et physique nous dit Anny Schneider.

Parties utilisées

On utilise les tiges fleuries, très feuillues, sans les parties basses, essentiellement récoltées de juin à septembre.

PROPRIÉTÉS MÉDICINALES

Sédative, diurétique, tonicardiaque, hypotensive légère, antispasmodique, calmante et expectorante.

ACTIONS SUR L'ORGANISME

L'agripaume ralentit le rythme cardiaque et améliore l'activité du cœur, notamment en cas d'hypertension, hypotension, de palpitations, de spasmes, d'angine de poitrine et d'arythmie cardiaque.

Elle agit sur le système nerveux et diminue l'anxiété, le stress en cas de crises d'angoisse, d'insomnie, de migraine et d'épilepsie.

TRAITEMENTS POSSIBLES

- <u>Infusion</u> : 1 cuillère à soupe de tiges fleuries avec les feuilles par tasse d'eau bien chaude. Laisser infuser pendant une dizaine de minutes. Boire 2 à 3 tasses par jour.
- <u>Teinture mère</u> : de 7 à 30 gouttes, selon le fabricant et le niveau d'anxiété

RECETTES COMPOSÉES

<u>Pour diminuer les angoisses et rétablir le rythme cardiaque :</u>
Mélanger 10 g d'agripaume avec :

- 10 g de tilleul
- 40 g de mélisse
- 40 g de millepertuis
- 80 g d'aubépine

Prendre de 1 à 2 cuillères à thé du mélange par tasse d'eau. Faire un traitement sur 3 ou 4 semaines.

<u>En cas de crises d'angoisse :</u>
Mélanger à proportion égale de l'agripaume et du tilleul. Infuser une cuillère à thé du mélange par tasse d'eau bien chaude. Boire jusqu'à 4 tasses par jour.

Toxicité et effets secondaires

Aucun aux doses thérapeutiques.

Précautions

Ne pas utiliser en cas de grossesse, de règles abondantes, avec des médicaments pour le cœur, la tension artérielle et des anticoagulants (de part son action coagulante).

AUBÉPINE

- **Famille :** Appartient à la famille des Rosacées.
- **Nom latin :** Crataegus Oxyacantha
- **Nom français :** Aubépine commune
- **Nom anglais :** English Hawthorn, Thorn
- **Surnoms :** Épine blanche, Épine de mai, Herbe tranquille

Petite histoire

Beaucoup de poètes ont rendu hommage à cette plante, symbole de la délicatesse et de la fraîche beauté malgré l'âge avancé qu'elle peut atteindre (parfois 500 ans), son bois dur comme le fer et ses aiguillons piquants. Ses propriétés médicinales sont connues depuis le Moyen Âge.

Parties utilisées

Les fleurs, les feuilles et les fruits.

PROPRIÉTÉS MÉDICINALES

Légèrement hypnotique, tonicardiaque, antispasmodique, hypotensive, relaxante et antioxydante

ACTIONS SUR L'ORGANISME

L'aubépine peut être utilisée lors de troubles d'origine nerveux comme l'insomnie, l'angoisse, les vertiges, les palpitations. Elle régularise le rythme cardiaque et abaisse la tension artérielle.

Lors de pertes de mémoire, on l'associe au ginkgo biloba pour améliorer l'irrigation du cerveau.

TRAITEMENTS POSSIBLES

- Infusion : 1 cuillère à thé dans une 1/2 tasse d'eau bien chaude. Laisser infuser pendant une dizaine de minutes. Boire 1/2 à 1 tasse par jour sur une période de 6 à 8 semaines.
- Teinture mère : de 20 à 40 gouttes, 3 fois par jour durant une période de 6 à 8 semaines.

La plante pouvant mettre un à deux mois avant de vraiment agir, il convient d'être patient, de ne pas forcer la dose, tout en la combinant à d'autres plantes pouvant compléter ses bienfaits.

RECETTES COMPOSÉES

Pour les troubles nerveux : Prendre une infusion de fleurs d'aubépine, à boire par petites gorgées entre les repas ou au moment de la crise, ou le soir au coucher.

TOXICITÉ ET EFFETS SECONDAIRES

Aucun danger de toxicité.

Interaction possible avec le Digoxin et l'Indéral.

PRÉCAUTIONS

Prise à forte dose, l'aubépine peut causer de la somnolence, abaisser considérablement la tension artérielle et provoquer ainsi des vertiges.

AVOINE

- **Famille** : Appartient à la famille des Poacées.
- **Nom latin :** Avena Sativa
- **Nom français :** Avoine cultivée
- **Nom anglais :** Oats

PETITE HISTOIRE

Jadis, la paille d'avoine servait aussi bien à nourrir les animaux de ferme, à rembourrer les matelas que pour soigner les rhumatismes.

Son utilisation par les herboristes remonte au XVIIe siècle mais ce n'est que récemment qu'on s'intéresse à ses bienfaits dans l'alimentation.

PARTIES UTILISÉES

La paille d'avoine séchée, les feuilles et les grains.

PROPRIÉTÉS MÉDICINALES

Minéralisante, calmante, nutritive, tonique nerveux, anti-dépresseur (les grains), anti-inflammatoire, fortifiante, abaisse le taux de cholestérol, adoucissante.

ACTIONS SUR L'ORGANISME

L'avoine aide à l'assimilation des minéraux en général par l'organisme et favorise ainsi la croissance des muscles, du cerveau et des nerfs. Bref, il est une des meilleures plantes nutritives pour le système nerveux, avec le romarin. Il soulage de la dépression, les troubles du sommeil et la fatigue nerveuse.

TRAITEMENTS POSSIBLES

- Infusion : 2 cuillères à thé d'avoine par tasse d'eau. Laisser infuser pendant une dizaine de minutes. Boire 2 à 3 tasses par jour.
- Teinture mère : 1 cuillère à thé de teinture mère d'avoine dans de l'eau, 3 fois par jour.
- Manger des céréales d'avoine tous les jours.

RECETTES COMPOSÉES

En cas de dépression :

Mélange à part égal de teintures mères d'avoine, et au choix, de valériane ou de mélisse.

Mélange de Penelope Ody :

- 30 ml de teinture mère d'avoine
- 25 ml de teinture mère de millepertuis

- 25 ml de teinture mère de verveine
- 15 ml de teinture mère de mélisse
- 5 ml de teinture mère de réglisse

Verser le tout dans une bouteille compte goutte et prendre de 5 à 10 ml dans un peu d'eau, 3 fois par jour, avant les repas. Commencer par 5 ml puis ajuster selon l'effet ressenti. (Remarque : 1 ml = 20 gouttes)

TOXICITÉ ET EFFETS SECONDAIRES

Aucune interaction ni toxicité connues.

PRÉCAUTIONS

Les personnes intolérantes au gluten sont mieux de laisser reposer l'infusion ou la teinture mère afin de n'utiliser que le liquide clair à la surface et laisser le dépôt au fond pour éviter toute réaction. Ceci dit, le gluten de l'avoine est moins allergène que celui du blé d'après les dernières recherches.

En cas d'inconvénients, cesser de consommer de l'avoine.

BASILIC SACRÉ

- **Famille :** Appartient à la famille des Lamiacées.
- **Nom latin :** Ocimum Sanctum
- **Nom français :** Basilic sacré
- **Nom anglais :** Basil
- **Surnoms :** Tulsi (nom indien)

PETITE HISTOIRE

Originaire d'Inde, le basilic est une plante sacrée et dédiée à l'épouse de Vishnu, le Dieu de la Vie. Il est considéré comme une plante royale depuis l'Antiquité.

On distingue le basilic sacré (Ocimum sanctum) et le basilic européen appelé aussi commun (Ocimum basilicum) qui ont des propriétés voisines bien que certains trouvent le basilic sacré plus efficace.

PARTIES UTILISÉES

Les feuilles. On utilise aussi les sommités fleuries mais pour leur action spécifique sur le système digestif.

PROPRIÉTÉS MÉDICINALES

Antidépresseur, hypotenseur, hypoglycémiant, sédatif léger, favorise la résistance au stress, anti-inflammatoire, stomachique, tonique.

ACTIONS SUR L'ORGANISME

Le basilic sacré est considéré comme un adaptogène, c'est-à-dire qu'il améliore la résistance de l'organisme face au stress et sa capacité d'adaptation aux changements.

En outre, il possède des propriétés revitalisantes. Il est un aliment du système nerveux et agit sur les angoisses, les dépressions et les vertiges, l'insomnie nerveuse et soulage des migraines d'origine nerveuse. Il calme aussi les nausées. Certains le qualifient de tranquillisant naturel !

Il est aussi efficace pour les adultes que les enfants qui dorment mal, surexcités ou hyperactifs.

TRAITEMENTS POSSIBLES

- <u>Infusion</u> : 1 cuillère à thé de basilic par tasse d'eau bien chaude. Laisser infuser pendant une dizaine de minutes. Boire 2 à 3 tasses par jour.
- <u>Teinture mère</u> : selon la posologie du fabricant.

RECETTES COMPOSÉES

<u>Pour la dépression et renforcer le système nerveux</u> :

- Infusion de basilic, 3 tasses par jour sur 3 ou 4 semaines.
- Infusion de basilic et de mélisse (1 cuillère à thé du mélange), 3 tasses par jour.
- Mélange à part égal de teinture mère de basilic et de scutellaire. Commencer à 10 gouttes, 3 fois par jour, sauf avis différent du fabricant. Ajuster le dosage selon l'effet ressenti après quelques jours le début de la première prise.

TOXICITÉ ET EFFETS SECONDAIRES

Aucune connue.

PRÉCAUTIONS

Ne jamais utiliser l'huile essentielle durant la grossesse.

CAMOMILLE

- **Famille** : Appartient à la famille des Composées.
- **Nom latin** : Matricaria Recutica
- **Nom français** : Camomille allemande
- **Nom anglais** : German chamomille
- **Surnoms** : Camomille sauvage, Oeil du soleil

PETITE HISTOIRE

Les égyptiens vénérés et dédiés la camomille au Dieu Râ. Son goût, assez proche de celui de la pomme correspond bien à son origine grecque « Kamaï » et « melon », qui signifie « pomme de terre ». La camomille, surnommée la spécialiste du Calcium, possède de nombreuses propriétés médicinales.

PARTIES UTILISÉES

Les fleurs à maturité. Elles sont d'ailleurs comestibles mais on ne les mange pas directement. On les consomme plutôt en saupoudrant juste les petites graines non formées de la camomille sur la salade, en saison.

Propriétés médicinales

Anti-inflammatoire, digestive, antispasmodique, calmante, aromatique, désinfectante, aromatique, stomachique.

Actions sur l'organisme

La camomille est toute recommandée pour le stress, que ce soit celui de l'étudiant ou du professionnel, et pour les enfants (combinée à la cataire).

Traitements possibles

- <u>Infusion</u> : deux fleurs par tasse d'eau suffisent. Laisser infuser pendant une dizaine de minutes. Boire 2 à 3 tasses par jour.
- <u>Teinture mère</u> : Se référer aux recommandations sur l'étiquette du fabricant.

Recettes composées

Voici quelques exemples de mélange, bien que la camomille soit très efficace seule. À vous de tester selon vos goûts.

- <u>Camomille et valériane</u> : Faire bouillir de l'eau puis laisser infuser une petite cuillère de racines de valériane pendant une dizaine de minutes puis ajouter une fleur ou deux de camomille. Laisser

infuser encore 5 à 10 min. Boire 2 à 3 tasses
par jour.

- CAMOMILLE ET MÉLISSE : Pour une tasse d'eau
chaude, infuser une dizaine de minute une cuillère
à thé de deux fleurs de camomille et des feuilles de
mélisse. Boire 2 à 3 tasses par jour.

- CAMOMILLE ET PASSIFLORE : Faire infuser 1 cuillère
à thé du mélange pendant 10 min puis boire, 2 à 3
fois par jour.

TOXICITÉ ET EFFETS SECONDAIRES

À fortes doses, la camomille est vomitive

PRÉCAUTIONS

Ne pas confondre avec une autre variété de camomille : la
grande camomille qui peut occasionner des risques d'allergie
(dermatose). Heureusement, on la retrouve rarement sous
forme séchée chez les herboristeries. Donc, pas de soucis !

LE SAVIEZ-VOUS ?

Il est possible de remplacer la camomille par la marguerite qui appartient à la même famille et possède des
propriétés antispasmodiques, calmantes, digestives, astrin-
gentes similaires à sa sœur.

6

CATAIRE

- **Famille :** Appartient à la famille des Lamiacées.
- **Nom latin :** Nepeta cataria
- **Nom français :** Cataire
- **Nom anglais :** Catnip, Catmint
- **Surnoms :** Herbe aux chats, Menthe de chat

PETITE HISTOIRE

La cataire, connu depuis l'Egypte ancienne pour son pouvoir d'attraction sur les chats dégage, contrairement à la valériane, une odeur plus agréable pour notre nez. Cette plante originaire de la Méditerranée orientale offre une merveilleuse tisane calmante et digestive, attire les chats et éloigne les rats qui détestent son parfum.

PARTIES UTILISÉES

On consomme les feuilles et les sommités fleuries.

PROPRIÉTÉS MÉDICINALES

Tonique nerveux, sédatif, relaxant, sudorifique, riche en vitamine B, B1 et en potassium, antispasmodique.

ACTIONS SUR L'ORGANISME

La cataire favorise le sommeil et on la surnomme la spécialiste des enfants, mais elle agit aussi, bien entendu, chez l'adulte sur les mêmes symptômes. Elle est utile aussi lors d'hyperactivité. Son action alcalinisante aide en cas de nervosité reliée à un excès d'acidité dans l'organisme. Elle tonifie le système nerveux pour le supporter dans ses fonctions.

TRAITEMENTS POSSIBLES

- Infusion : 1 cuillère à thé de cataire par tasse d'eau chaude. Laisser infuser pendant une dizaine de minutes. Boire de 3 à 5 tasses par jour pour un adulte ou jusqu'à 2 tasses par jour un enfant de 10 ans et moins.
- Teinture mère : Pour l'adulte : 5 à 15 gouttes sauf avis contraire du fabricant, 4 à 5 fois par jour. Pour l'enfant : la règle veut qu'on administre une goutte par année d'âge, de 1 à 3 fois par jour.

RECETTES COMPOSÉES

- Infusion pour le sommeil : En cure de 7 à 10 jours, pour rétablir le sommeil perturbé aussi bien chez les petits que les grands, faire une infusion de cataire et suivre la posologie ci-dessus.
- Cauchemars : Boire dans un peu d'eau quelques

gouttes de teinture mère de cataire (en fonction de l'âge de l'enfant). L'action est rapide.

- <u>Agitation mentale</u> : Infusion de cataire, de scutellaire et de camomille allemande. Après avoir mélanger les plantes ensemble, prendre une cuillère à thé de la préparation et faire une cure pendant au moins deux semaines à raison de 3 tasses par jour.

- <u>Renforcer le système nerveux lors d'une période stressante ou de fatigue nerveuse</u> : À proportion égale, mélanger de la cataire, de l'ortie, du framboisier et du trèfle rouge. Infuser 1 cuillère à thé du mélange par tasse d'eau bien chaude, laisser infuser et boire 2 à 3 tasses par jour pendant quelques semaines (2 à 4 semaines).

Toxicité et effets secondaires

À fortes doses seulement, la cataire peut provoquer étourdissements et maux de tête.

La cataire peut interagir avec des médicaments aux effets similaires (anxiolytiques et sédatifs).

Précautions

De par son action emménagogue, la cataire peut, même à dose normale, déclencher les menstruations chez la femme enceinte. À éviter donc.

Par contre, elle favorise l'allaitement. La mère peut en prendre et cela va agir aussi sur l'enfant.

7

HOUBLON

- **Famille :** Appartient à la famille des Cabanacées.
- **Nom latin :** Humulus Lupulus
- **Nom français :** Houblon
- **Nom anglais :** Hop
- **Surnoms :** Houblon à bière, Bois du diable

Petite histoire

Le houblon est cultivé depuis le XIe siècle par les moines, qui furent les premiers à l'utiliser pour la fabrication de la bière.

Autrefois, on racontait que le houblon était le bois du diable, de part sa rapidité à grimper aux arbres, ses tiges pouvant atteindre jusqu'à 6 ou 7 mètres de hauteur.

Parties utilisées

On utilise les fleurs femelles que l'on récolte à l'automne pour les faire sécher à basse température.

Propriétés médicinales

Sédatif, antispasmodique, tonique amer, soporifique et anaphrodisiaque chez les hommes de part sa teneur en oestrogènes.

Actions sur l'organisme

Au-delà son action stimulante sur le système digestif, le houblon relaxe les muscles. De plus, il combat l'anxiété, les migraines et les insomnies.

Traitements possibles

- <u>Infusion</u> : 1 cuillère à thé de la plante séchée par tasse d'eau. Laisser infuser pendant une dizaine de minutes. Boire 2 à 3 tasses par jour.
- <u>Teinture mère</u> : 2 à 3 fois par jour, à raison de 10 à 20 gouttes par prise, mélangées dans un verre d'eau, sauf indication contraire du fabricant.

Recettes

- <u>En cas d'anxiété</u> : Prendre 20 gouttes de teinture mère diluées dans un verre d'eau ou de jus, 2 à 3 fois par jour.
- <u>En cas de migraines</u> : Prendre 10 gouttes dans de l'eau, jusqu'à 6 fois par jour.
- <u>En cas d'insomnie</u> : La meilleure manière d'utiliser le houblon est de confectionner un sachet que l'on

remplit d'environ 100 g de plantes séchées et que l'on place sous l'oreiller. Les huiles volatiles vont dégagées ainsi leurs propriétés calmantes.

Toxicité et effets secondaires

À forte dose, le houblon provoque un affaiblissement du système nerveux central. Il est donc déconseillé sur une base régulière et aux personnes dépressives.

Aucun effet indésirable connu aux doses recommandées.

En outre, il est suggéré de combiner le houblon avec d'autres plantes aux effets similaires.

Précautions

Ne pas prendre en cas de cancer en lien avec les hormones (cancer du sein, du col de l'utérus) par risque d'action des oestrogènes.

8

LAVANDE

- **Famille** : Appartient à la famille des Lamiacées.
- **Nom latin** : Lavandula angustifolia
- **Nom français** : Lavande officinale
- **Nom anglais** : Lavander
- **Surnoms** : Lavande vraie, Lavande femelle

PETITE HISTOIRE

Issue de la Méditerranée, la lavande est cultivée un peu partout dans le monde entier, notamment pour son arôme. Cependant, en phytothérapie, elle est particulièrement utilisée pour ses propriétés apaisantes. Autrefois, elle était fréquemment utiliser par les maîtresses de maison comme insecticide.

PARTIES UTILISÉES

Les feuilles et les sommités fleuries.

PROPRIÉTÉS MÉDICINALES

Sédative, anti-infectieuse, anti-inflammatoire, antidépresseur, antispasmodique.

ACTIONS SUR L'ORGANISME

L'action calmante de la lavande est bénéfique lors d'insomnie, de nervosité, de douleurs à l'estomac. Elle agit sur le système nerveux central et neurovégétatif. On l'associe souvent à d'autres plantes sédatives pour traiter efficacement les troubles nerveux.

TRAITEMENTS POSSIBLES

- <u>Infusion</u> : 1 cuillère à thé de lavande par tasse d'eau bien chaude. Laisser infuser pendant une dizaine de minutes en couvrant. Boire 2 à 3 tasses par jour.
- <u>Teinture mère</u> : se référer à la recette et à la posologie du fabricant.

Recettes composées

- <u>Infusion calmante</u> : Boire 1/2 tasse à 1 tasse d'infusion de lavande, deux fois par jour. Pour le goût, on peut combiner avec de la mélisse, de la menthe, de la camomille ou toute autre plante à votre goût.
- <u>En cas d'insomnie</u> : Prendre 1/2 cuillère à thé de teinture mère de lavande dans de l'eau, un peu avant de se coucher.
- <u>Bain relaxant et rafraîchissant pour la peau</u> : Faire

bouillir de l'eau et ajouter 1 à 2 tasses de lavande. Couvrir et laisser infuser environ 20 minutes avant d'ajouter à l'eau du bain en filtrant.

- <u>En cas de migraine</u> : Se masser les tempes avec une cuillère à soupe d'huile d'amande douce additionnée de 20 gouttes d'huile essentielle de lavande.

Toxicité et effets secondaires

Déconseillé aux femmes enceintes. La lavande est toxique à forte dose.

L'effet de la lavande peut s'ajouter à celui de plantes ou de médicaments ayant des actions similaires.

Précautions

Pour les personnes à la peau sensible, la lavande peut provoquer une légère irritation de la peau. Dans ce cas, cesser l'utilisation, tout simplement.

En règle générale, on ne dépasse pas 3 tasses par jour, maximum, sinon elle peut amener une période d'excitation suivie d'une période de dépression nerveuse.

LOBÉLIE

- **Famille :** Appartient à la famille des Lobéliacées.
- **Nom latin :** Lobelia Inflata
- **Nom français :** Lobélie
- **Nom anglais :** Lobélia
- **Surnoms :** Tabac indien, Lobèle, Lobélie enflée

PETITE HISTOIRE

Originaire d'Amérique du Nord, les Indiens la fumaient car elle était censée avoir les mêmes propriétés magiques que le tabac et pour ses effets relaxants. Ils l'utilisaient comme une herbe vomitive en cas d'empoisonnement alimentaire.

Santé Canada a classé cette plante comme drogue ou poison pour indiquer l'importance de se soigner avec discernement et à doses minimes car elle est extrêmement puissante et concentrée.

PARTIES UTILISÉES

On utilise les feuilles, les fleurs et les fruits (capsules).

PROPRIÉTÉS MÉDICINALES

Puissant antispasmodique, expectorant, vomitive et stimulateur respiratoire (à faible dose).

ACTIONS SUR L'ORGANISME

La lobélie a une action antidépressive sur le système nerveux central et autonome. Elle agit en détendant les muscles et en stimulant le centre respiratoire du cerveau, ce qui favorise une meilleure respiration. Elle est donc efficace pour les problèmes respiratoires, comme l'asthme, la bronchite, la pneumonie, la toux, etc.

Elle agit comme relaxant pour les personnes nerveuses et anxieuses ainsi qu'en cas de maux de tête.

TRAITEMENTS POSSIBLES

La lobélie s'utilise aussi bien par voie interne qu'externe. Toutefois, pour plus de prudence et d'efficacité, il est plus pratique de l'employer sous forme de teinture mère, à raison de 1 à 4 gouttes par jour, 3 fois au maximum avec des prises éloignées (7 à 8 heures).

RECETTES COMPOSÉES

<u>En cas de crise d'angoisse</u> :

Frictionner la poitrine avec 3 gouttes (maximum) de teinture mère de lobélie.

Il est aussi possible de boire 1 à 4 gouttes de lobélie dans un verre de jus pour masquer son goût assez terrible.

TOXICITÉ ET EFFETS SECONDAIRES

À forte dose, la lobélie agit comme un narcotique et peut provoquer des vomissements, des tremblements, un ralentissement de la respiration et des nausées, ce qui incite à réduire la quantité ingérée ou à cesser le traitement. Les manifestations disparaîtront rapidement.

Aucune interaction connue avec des médicaments, plantes ou suppléments.

PRÉCAUTIONS

Ne pas donner aux enfants de moins de 6 ans. Aux enfants de plus de 6 ans, administrer environ le tiers de la dose recommandée pour les adultes.

Ne pas dépasser la dose prescrite par le fabricant.

Toujours commencer par un petit dosage (quelques gouttes).

Ne convient pas aux femmes enceintes et qui allaitent.

REMARQUE

La dose individuelle maximale est atteinte lorsque la personne a un goût ou une sensation nauséeuse dans la gorge. Bien sûr, il n'est pas nécessaire d'en arriver à ce stade pour obtenir les bienfaits de cette plante.

10

MÉLISSE

- **Famille :** Appartient à la famille des Labiées.
- **Nom latin :** Melissa Officinalis
- **Nom français :** Mélisse
- **Nom anglais :** Lemon Balm
- **Surnoms :** Thé de France, Piment des abeilles, Citronnade

Petite histoire

La mélisse, dont le nom évoque le miel est notamment utilisé dans la fabrication de la chartreuse, et de l'eau de mélisse des carmes. Elle libère dans sa jeunesse une odeur agréable de citron qui se dissipe progressivement en devenant adulte. Il est préférable de la récolter alors que les feuilles sont jeunes. Une fois séchée, elle perd une partie de son parfum mais conserve heureusement ses propriétés. Les Arabes du Xe siècle vantaient son pouvoir en tant que remède contre la mélancolie.

PARTIES UTILISÉES

Les feuilles, les tiges et les sommités fleuries.

PROPRIÉTÉS MÉDICINALES

Relaxante, tonique nerveux, antivirale, antispasmodique, carminative.

ACTIONS SUR L'ORGANISME

En tisane comme en teinture mère, elle apaise et relaxe, diminue l'émotivité, les palpitations cardiaques, l'anxiété, la nervosité et la dépression légère. Elle renforce le système immunitaire grâce à sa teneur en vitamines et du sélénium antioxydants. La mélisse est efficace aussi lors d'hyperexcitabilité en contribuant à rétablir l'équilibre du fonctionnement de la thyroïde.

TRAITEMENTS POSSIBLES

- <u>Infusion</u> : 1 cuillère à thé de plantes séchées ou 2 cuillères à thé de plantes fraîches par tasse d'eau bien chaude. Laisser infuser pendant une dizaine de minutes. Boire 2 à 3 tasses par jour.
- <u>Teinture mère</u> : Se référer à la recommandation du fabricant selon la concentration.

Recettes composées

- <u>Infusion simple ou combinée</u> : La mélisse se

combine très bien à d'autres plantes aux effets similaires, comme la camomille, le tilleul, l'agripaume, etc. Elle se consomme aussi très bien toute seule, en infusion, et révèle un agréable goût citronné.

- <u>Bain de mélisse</u> : Il est aussi possible de préparer un bain de mélisse mais hors saison, une infusion de mélisse séchée est tout aussi profitable et nécessitera une quantité inférieure. Toutefois, les bains lors des froides soirées d'hiver sont tellement réconfortants qu'il est possible de la combiner à une autre plante à proportion égale, en respectant la quantité maximale. Dans un litre d'eau chaude, faire macérer pendant 1 à 2 heures une grosse poignée de mélisse fraîche. Filtrer et verser dans l'eau du bain. Dans un litre d'eau chaude, faire macérer pendant 1 à 2 heures une grosse poignée de mélisse séchée et une grosse poignée de camomille ou de lavande. Filtrer puis verser dans l'eau du bain.

TOXICITÉ ET EFFETS SECONDAIRES

La mélisse peut amplifier les effets de l'alcool. Elle peut multiplier l'effet de plantes ayant des vertus similaires aux siennes.

PRÉCAUTIONS

Déconseillé aux femmes enceintes et qui allaitent.

La mélisse peut augmenter l'effet de médicaments sédatifs.

En cas de traitement pour la thyroïde, consulter un médecin au sujet des effets inhibiteurs de la mélisse qui peuvent interférer avec l'hormone thyrotropine qui stimule la glande.

11

MILLEPERTUIS

- **Famille** : Appartient à la famille des Hypericacées.
- **Nom latin** : Hypericum perforatum
- **Nom français** : Millepertuis commun
- **Nom anglais** : St John's wort
- **Surnoms** : Herbe de la St Jean, Chasse diable

Petite histoire

Bien avant notre ère, les Grecs anciens, fondateurs de la médecine occidentale, connaissaient très bien les propriétés du millepertuis pour le traitement des plaies et des blessures, des infections internes et des troubles névralgiques. Vers la fin du Moyen Âge, son utilisation pour soigner les troubles d'ordre psychologique a pris le pas sur les autres usages.

Une légende raconte que quiconque piétine le millepertuis, appelé aussi Herbe de la Saint Jean, après le coucher du soleil, se retrouvera sur le dos d'un cheval magique qui caracolera dans le ciel jusqu'au lever du soleil avant de déposer sur le sol son cavalier épuisé.

Outre ses vertus magiques, le millepertuis possède des propriétés médicinales pour soigner notamment les états dépressifs, l'anxiété, l'agitation nerveuse.

On l'utilisait en Angleterre pour soigner la folie, en Russie contre l'hydrophobie et au Brésil comme antidote après une morsure de serpent. Personnellement, j'utilise aussi le millepertuis sous forme d'huile obtenue par macération des fleurs dans une huile d'olive bio. Appliquée en compresses, cela soulage des névralgies, sciatiques, varices, ulcères, muscles douloureux, les rhumatismes et les coups de soleil.

PARTIES UTILISÉES

Les fleurs, à leur éclosion, les feuilles et les tiges.

PROPRIÉTÉS MÉDICINALES

Anti-inflammatoire, antidépresseur, analgésique, antiviral, antispasmodique.

ACTIONS SUR L'ORGANISME

Par voie interne, le millepertuis est un tranquillisant naturel. Son action sédative et analgésique est toute recommandée lors de tension, d'angoisse, de dépression et de surmenage. Il conserve la même action en cas de changements hormonaux chez la femme qui sont à l'origine d'irritabilité.

TRAITEMENTS POSSIBLES

- Infusion : 1 cuillère à thé de millepertuis par tasse

d'eau bien chaude. Laisser infuser pendant une dizaine de minutes. Boire 2 à 3 tasses par jour.

- <u>Teinture mère</u> : Renforce surtout le système immunitaire. À prendre selon les recommandations du fabricant.
- <u>Huile de millepertuis</u> : Application locale (usage externe donc) pour traiter les névralgies, sciatiques, varices, ulcères, muscles douloureux, les rhumatismes et les coups de soleil.

RECETTES COMPOSÉES

- <u>Le millepertuis en infusion</u> : Le millepertuis se consomme fort bien à lui tout seul ou peut être combiné à d'autres plantes aux effets similaires, comme le basilic sacré, la mélisse, à proportion égale le plus souvent. À ce moment là, procéder aux mélanges des plantes choisies et utiliser 1 cuillère à thé du mélange par tasse d'eau.
- <u>Huile de millepertuis</u> : Remplir un bocal en verre de fleurs, de tiges et de feuilles de millepertuis que l'on peut broyer un peu au préalable. Recouvrir d'une huile d'olive de bonne qualité, biologique si possible. Laisser reposer un mois à l'ombre ou 3 semaines au soleil, filtrer puis mettre en bouteille.

TOXICITÉ ET EFFETS SECONDAIRES

Le millepertuis peut augmenter l'effet de plantes à l'action sédative. Bien respecter le dosage.

Le millepertuis ne se prend pas avec d'autres médicaments comme les antidépresseurs, les pilules contraceptives et les immunodépresseurs et les anticoagulants ainsi que d'autres médicaments non connus à ce jour.

Il peut réduire l'effet de la digitale.

PRÉCAUTIONS

Contre-indiqué pour la femme enceinte, les personnes atteintes de la maladie d'Alzheimer, de schizophrénie et de troubles bipolaires.

La consommation de millepertuis peut entraîner une plus grande sensibilité au soleil et peut provoquer une réaction cutanée de type démangeaison après une exposition. Il est donc suggéré d'utiliser une protection solaire. Bien entendu, éviter les salons de bronzage !

12

PASSIFLORE

- **Famille :** Appartient à la famille des Passifloracées.
- **Nom latin :** Passiflora incarnata
- **Nom français :** Passiflore
- **Nom anglais :** Passion Flower
- **Surnoms :** Fleur de la passion

PETITE HISTOIRE

Le fruit de la passion est arrivé en Europe via l'Espagne, au XVIIe. Il était consommé pour ses vertus rafraîchissantes. Mais ce n'est qu'au XIXe siècle que la passiflore fit son entrée dans la pharmacopée européenne. En effet, à cette époque des médecins américains redécouvrirent les vertus calmantes et sédatives de la passiflore des Aztèques. Cela a ainsi contribué à développer sa culture et sa consommation.

Son nom de Passiflore nous a été légué par les missionnaires jésuites au XVe siècle. En Amérique du Sud, ils utilisaient cette plante pour représenter la Passion du Christ. En effet, la forme et les dessins de la fleur font penser à une couronne d'épine et aux clous de la crucifixion, et les couleurs à la pureté et au paradis.

Parties utilisées

Les fleurs et les feuilles, la tige aussi, récoltées à la floraison.

Propriétés médicinales

Sédative, calmante, antispasmodique.

Actions sur l'organisme

Elle agit sur le système nerveux grâce à ses propriétés anxiolytiques notamment en cas d'insomnie pour améliorer la qualité du sommeil, diminue l'anxiété, la nervosité, la surexcitation tout en relaxant. Son utilisation est sans accoutumance, au même titre que la valériane. On ignore malgré tout exactement comment la passiflore agit sur le système nerveux central.

Traitements possibles

- <u>Infusion</u> : 1 cuillère à thé de plantes séchées.
  Laisser infuser pendant une dizaine de minutes.
  Boire 2 tasses maximum dans la soirée.
- <u>Teinture mère</u> : prendre 1 cuillère à thé dans un peu d'eau, une fois par jour.
- <u>Comprimés</u> : suivre les recommandations du fabricant.

RECETTE COMPOSÉE

<u>Tisane apaisante</u> : À prendre pendant la journée ou après le repas :

- 50 g de passiflore
- 25 g de menthe
- 25 g de lavande
- 25 g de tilleul
- 50 g de verveine officinale

Prendre une à deux cuillères à thé du mélange ci-dessus par tasse d'eau bien chaude, laisser infuser 5 à 10 minutes avant de consommer.

TOXICITÉ ET EFFETS SECONDAIRES

Aucune connue.

PRÉCAUTIONS

Contre-indiqué aux femmes enceintes.

Éviter de conduire après avoir pris de la passiflore, car elle peut provoquer de la somnolence.

13

PAVOT DE CALIFORNIE

- **Famille :** Appartient à la famille des Papavéracées.
- **Nom latin :** Eschscholzia California
- **Nom français :** Pavot de Californie
- **Nom anglais :** California Poppy
- **Surnoms :** Coquelicot, Pavot des champs, Chaudière du diable.

PETITE HISTOIRE

Les Indiens d'Amérique utilisaient autrefois la sève de cette plante pour calmer notamment les maux de dents.

Les phytothérapeutes le reconnaissent comme un des plus puissants somnifères.

PARTIES UTILISÉES

On travaille avec la plante entière.

PROPRIÉTÉS MÉDICINALES

Sédatif, hypnotique, antinévralgique, analgésique.

ACTIONS SUR L'ORGANISME

Son action hypnotique naturelle permet de rétablir un sommeil plus naturel.

Aux anxieux, le pavot de Californie va aider à équilibrer les fonctions psychologiques. Son action sur le système nerveux central est différente, car il n'agit pas comme un narcotique. Il est aussi très efficace chez les enfants, notamment lors de cauchemars qu'il contribue grandement à faire disparaître.

TRAITEMENTS POSSIBLES

La manière la plus efficace est de le consommer en teinture mère, son action est ainsi plus rapide.

- <u>Teinture mère</u> : suivre les recommandations du fabricant. En général, il convient de démarrer par une petite dose, 10 gouttes puis d'augmenter progressivement jusqu'à obtenir l'effet désiré. Idéalement, on le prend environ 30 minutes avant de se coucher pour bénéficier pleinement de ses effets et s'endormir facilement.

TOXICITÉ ET EFFETS SECONDAIRES

Toxique à fortes doses, ne pas en abuser sous risque de dépendance.

Sa consommation rendra un dépistage aux drogues positif... Sportifs, attention !

Précautions

Prendre ponctuellement et surtout, ne pas consommer de fortes doses sous risque d'effets secondaires le lendemain matin (cerveau brumeux, etc.)

ROMARIN

- **Famille** : Appartient à la famille des Labiées.
- **Nom latin** : Rosmarinus Officinalis
- **Nom français** : Romarin
- **Nom anglais** : Rosemary
- **Surnoms** : Herbe aux couronnes, Encensier, Romarin des troubadours

PETITE HISTOIRE

Au XVIIe siècle, en Europe centrale, on raconte que la Reine de Hongrie, Isabelle, âgée d'environ 70 ans et malade, aurait retrouvé santé et jeunesse grâce au romarin. Sa recette de l'eau de jouvence ou eau de la Reine de Hongrie est obtenue par la macération dans de l'alcool (eau de vie par exemple) des plantes fraîches suivantes : lavande, romarin et menthe pouliot pendant au moins un mois à l'obscurité. Filtrer les plantes puis utiliser en friction après le bain par exemple.

PARTIES UTILISÉES

Les feuilles et les sommités fleuries.

PROPRIÉTÉS MÉDICINALES

Antirhumatismale, tonique et stimulant général, antalgique, diurétique, antispasmodique, antiseptique, vulnéraire. Très riche en antioxydants.

ACTIONS SUR L'ORGANISME

Le romarin active tous les processus sanguins. Aussi, il est utile lors de troubles cardiaques d'origine nerveuse, comme des palpitations. Il est conseillé lors de troubles nerveux pour diminuer l'angoisse, la nervosité, l'insomnie, les migraines, les vertiges tout en renforçant et réchauffant l'organisme.

Tout comme l'avoine, il contribue à améliorer la mémoire ainsi que la concentration en stimulant la circulation cérébrale.

De plus, il agit sur de nombreux problèmes respiratoires et soulage des crampes musculaires.

TRAITEMENTS POSSIBLES

- Infusion : 1 cuillère à thé de romarin par tasse d'eau. Laisser infuser pendant une dizaine de minutes. Boire 2 à 3 tasses par jour. Vous aimez ou vous détestez !
- Teinture mère : Plus facile à utiliser et à boire que l'infusion, respectez le dosage sur le flacon du fabricant. Pour soulager du stress, boire 2 ml de teinture dans de l'eau, 2 fois par jour.

- <u>Huile à friction</u> : Pour usage externe seulement et détendre les crampes musculaires.

Recettes

- <u>Huile à friction pour activer la circulation sanguine, soulager les muscles</u> : Rapide et facile à faire : 1/2 tasse d'huile d'amande douce pour 10 gouttes d'huile essentielle de romarin. *Variante : remplir un bocal en verre de branches de romarin frais et couvrir d'huile d'olive ou d'amande douce de bonne qualité. Laisser macérer un mois à l'ombre ou deux semaines au soleil. Filtrer et utiliser en usage externe bien sûr.*
- <u>Bain de romarin, pour se calmer les nerfs</u> : Faire bouillir un litre d'eau, ajouter environ 60 g de romarin. Couvrir et laisser infuser 1 à 2 heures. Ajouter à l'eau du bain que l'on prend idéalement le matin pour profiter pleinement des bienfaits durant la journée.

Toxicité et effets secondaires

Pris à fortes doses et sur une longue période (plusieurs mois), il devient toxique pour la cellule hépatique (foie).

Le romarin peut interférer avec un traitement au lithium.

Précautions

Ne convient pas aux jeunes enfants, aux femmes

enceintes et à certaines personnes ayant une hypersensibilité du foie.

En usage externe, certaines personnes peuvent développer une allergie cutanée. Testez d'abord sur une petite surface de peau et évitez l'exposition au soleil.

SCUTELLAIRE

- **Famille :** Appartient à la famille des Lamiacées.
- **Nom latin :** Scutellaria Lateriflora
- **Nom français :** Scutellaire de Virginie
- **Nom anglais :** Scullcap
- **Surnoms :** Scutellaire d'Amérique

PETITE HISTOIRE

Plante originaire d'Amérique du Nord, connue des Amérindiens et utilisée pour son action sur le système nerveux qui a été reconnue par les phytothérapeutes américains à partir du XVIIIᵉ siècle.

PARTIES UTILISÉES

On récolte les parties aériennes des plants âgés de 3 ou 4 ans.

PROPRIÉTÉS MÉDICINALES

Tonique du système nerveux, sédatif, antispasmodique, tonique amer léger.

ACTIONS SUR L'ORGANISME

Les phytothérapeutes du XIXe siècle affirment que l'action de la scutellaire sur le système nerveux est des plus efficace, même en cas d'hystérie, de convulsions et de crise d'épilepsie. Cette plante, aux vertus sédatives, soulage du stress et de l'angoisse sans l'ombre d'un doute.

TRAITEMENTS POSSIBLES

- <u>Infusion</u> : 1/2 cuillère à thé par tasse d'eau. Laisser infuser pendant une dizaine de minutes. Boire 2 à 3 tasses par jour.
- <u>Teinture mère</u> : Suivre les recommandations du fabricant, en général, de 10 à 30 gouttes par prise, 2 à 3 fois par jour maximum.

RECETTES COMPOSÉES

- <u>En cas de tension nerveuse</u> : Commencer avec 10 gouttes dans un peu d'eau, 2 fois par jour et ajuster le dosage suivant l'effet ressenti et la posologie du fabricant.
- <u>Infusion pour diminuer l'anxiété et le stress</u> : Faire infuser 1/2 cuillère à thé par tasse d'eau et boire 2 à 3 fois par jour. Ne pas forcer sur la dose car ses propriétés sédatives sont efficaces.

Toxicité et effets secondaires

Respectez la posologie car à fortes doses, la scutellaire peut provoquer des étourdissements, de la confusion, des vertiges.

Les effets de la scutellaire peuvent s'ajouter à ceux de médicaments aux propriétés similaires (sédatifs et calmants) ainsi qu'à d'autres plantes médicinales comme la valériane, la passiflore, etc.

Précautions

Éviter d'en consommer durant la grossesse.

TILLEUL

- **Famille :** Appartient à la famille des Tiliacées.
- **Nom latin :** Tilia americana pour l'Amérique du Nord ou Tilia europea pour l'Europe.
- **Nom français :** Tilleul
- **Nom anglais :** Basswood, Lime tree
- **Surnoms :** Thé d'Europe, Tillet

PETITE HISTOIRE

Le tilleul, comme les chênes, est chargé d'histoire et de légendes, notamment dans les anciennes civilisations germaniques où il est considéré comme un arbre sacré. Une épopée médiévale allemande connue sous le nom de chanson des Nibelungen, datant du XIIIe siècle, raconte que Siegfried, le héros des Niebelungen, peut triompher des plus effrayantes épreuves parce qu'un bain, fait du sang d'un dragon, l'avait rendu invulnérable, sauf à un endroit du corps où s'était collée une feuille de tilleul. Quand la Walkyrie Brunehilde, ivre de vengeance, ordonne à son fidèle Hagen d'aller tuer Siegfried, celui-ci emploie la ruse pour se faire désigner par la trop confiante Krimhilde le point faible qui était un secret jalousement gardé : oui, Siegfried peut être tué si on le frappe juste entre les deux omoplates.

Parties utilisées

Les feuilles et les fleurs.

Propriétés médicinales

Calmant, hypnotique, hypotenseur, sédatif, dépuratif, antispasmodique, digestif, diurétique, cardiotonique.

Actions sur l'organisme

Le tilleul calme et favorise le sommeil. Il aide à diminuer le stress et l'angoisse, ainsi que les palpitations d'origine nerveuse. Il est très efficace pour diminuer la pression artérielle en cas de troubles nerveux et psychologiques.

Traitements possibles

- Infusion : 2 à 3 feuilles et fleurs par tasse d'eau suffisent. Laisser infuser pendant une dizaine de minutes. Boire 2 à 3 tasses par jour.

Recette composée

- <u>Tisane bonne nuit</u> : 2 feuilles et fleurs de tilleul, 1 cuillère à thé de mélisse.

TOXICITÉ ET EFFETS SECONDAIRES
Aucune connue.

PRÉCAUTIONS
Aucune en particulier.

VALÉRIANE

- **Famille :** Appartient à la famille des Valérianacées.
- **Nom latin :** Valeriana officinalis
- **Nom français :** Valériane, valériane officinale
- **Nom anglais :** Valerian
- **Surnoms :** Herbe aux chats, Guérit tout

PETITE HISTOIRE

Connue depuis l'Antiquité romaine, la valériane était utilisée pour ses effets relaxants et sédatifs. Elle n'a cessé d'accroître sa notoriété pour son action efficace sur le système nerveux et pour combattre l'anxiété ainsi que l'insomnie, sans dépendance.

PARTIES UTILISÉES

On récolte uniquement la racine sur des plants âgés d'au moins 2 ans, à l'automne.

PROPRIÉTÉS MÉDICINALES

Sédatif, relaxant, anti-épileptique, hypnotique, antispasmodique.

ACTIONS SUR L'ORGANISME

Elle équilibre le système nerveux, particulièrement en cas d'anxiété, de dépression, de palpitations, d'insomnie, d'angoisse, de bouffées de chaleur, de période de stress, d'excès d'appétit pour compenser les émotions, de migraines d'origine nerveuse et lorsque les nerfs sont à fleur de peau. Elle agit comme un tranquillisant et diminue l'excitation mentale.

Son efficacité est reconnue chez les hypocondriaques et lors de crises de nerfs.

La valériane n'a pas l'effet d'un coup de masse lorsqu'on en prend. Elle apporte plutôt un apaisement physiologique et psychique.

Elle agit aussi sur le cœur, en ralentissant son rythme et en le fortifiant.

TRAITEMENTS POSSIBLES

- Infusion : 1/2 cuillère à thé de racines séchées par tasse d'eau bouillante. Laisser infuser pendant une dizaine de minutes. Boire 2 à 3 tasses par jour, avant les repas ou le coucher. Il est aussi possible de préparer une infusion de valériane, avec de l'eau froide en laissant reposer la préparation environ 8 heures (une nuit) ou même 24 heures.
- Teinture mère : 5 à 20 gouttes par prise dépendamment des recommandations du fabricant et de l'effet recherché en fonction du moment de la journée.

Recettes composées

- <u>Équilibrer le système nerveux</u> : Cure sur deux semaines, matin et soir d'une tasse d'infusion de valériane.

- <u>En cas de dépression</u> : Cure de huit jours, une tasse chaque matin préparée de la manière suivante : 15 g de racines dans une tasse d'eau froide qu'on laisse reposer toute la nuit.

- <u>Pour calmer les crises de nerfs</u> : Cure de teinture mère sur quelques semaines, 2 à 3 fois par jour, en ajustant le dosage de gouttes selon le moment de la journée, l'état émotionnel et en respectant la posologie du fabricant. Ajuster le dosage en fonction de l'effet obtenu.

- <u>Lors d'insomnie nerveuse et d'anxiété</u> : Faire tremper dans 2 tasses d'eau froide, 2 cuillères à thé de valériane, pendant une nuit. Boire une tasse en matinée et une tasse en soirée.

- <u>Teinture mère relaxante</u> : Dans une bouteille compte goutte de 100 ml, mélanger 80 ml de teinture mère de mélisse avec 20 ml de teinture mère de valériane. Prendre de 10 à 30 gouttes tous les jours selon la concentration du produit et l'état de stress. Il est préférable de commencer par un faible dosage au début et d'ajuster en augmentant progressivement la dose. Parfois, 2 ou 3 gouttes de plus font toute une différence. Ne forcez donc pas trop sur la quantité !

LE SAVIEZ-VOUS ?

La valériane a un goût prononcé que certains peuvent ne pas aimer. Aussi, vous pouvez le masquer en ajoutant un peu de menthe, de la réglisse ou du gingembre.

La valériane se combine très bien avec d'autres plantes aux effets similaires, comme la mélisse, la camomille, la passiflore, tout en masquant le goût !

AVERTISSEMENT

Chez certaines personnes très anxieuses et cérébrales, le début d'un traitement de valériane peut amplifier temporairement certains symptômes liés à l'anxiété. Le temps que la plante agisse dans l'organisme. Ceci dit, je n'ai jamais eu de témoignages de clients ayant connu cet effet en plus de 5 ans de pratique.

TOXICITÉ ET EFFETS SECONDAIRES

À forte dose, la valériane peut devenir indigeste, amener des maux de tête ou des palpitations.

Toutefois, à faible dose, sur une base régulière, il n'y a rien à craindre.

PRÉCAUTIONS

En cas d'insomnie chronique, la valériane peut mettre 3 à 4 semaines avant de rétablir les cycles du sommeil. Soyez patient et faites confiance en sa réputation éprouvée !

Actuellement tout danger pour les femmes enceintes et qui allaitent n'est pas écarté.

Les effets de la valériane peuvent interagir avec certains médicaments sédatifs et relaxants comme les benzodiazépines (Ativan, Serax, Dalmane, etc.), les barbituriques (Seco-barbital, Phenobarbital, etc.) et les hypnotiques (Imovane).

LES DOULEURS MUSCULAIRES

L'anxiété, de par la grande sollicitation de l'organisme au niveau des muscles, peut provoquer à la longue des douleurs, notamment au niveau des épaules, des mâchoires, des doigts et de la nuque.

Bien qu'un soulagement durable n'est envisageable qu'en traitant les causes de ces symptômes physiques, il est possible d'obtenir un soulagement physique par l'usage externe de certaines préparations médicinales.

Les quelques recettes suivantes peuvent bien sûr se trouver facilement dans toute bonne herboristerie digne de ce nom.

Ceci dit, compte tenu du procédé de fabrication relativement simple (selon moi), vous trouverez également les recettes pour confectionner vous-même les remèdes proposés. Il ne vous resterait alors qu'à acheter les plantes séchées.

Mettre 3 ou 4 gouttes d'huile essentielle de Laurier dans l'équivalent d'une cuillère à soupe d'huile (de pépins de raisins, d'amande douce ou d'olive) et frictionner localement sur la zone douloureuse. Le relâchement musculaire se fait sentir très rapidement ce qui soulage la douleur efficacement.

HUILE DE MILLEPERTUIS

Dans un contenant résistant à la chaleur, recouvrir 50 g de millepertuis avec 500 ml d'huile d'olive ou de pépins de raison. Mettre à chauffer au bain marie, pendant 2 ou 3 heures. Filtrez le mélange et mettre dans des bouteilles de verre ambré pour préserver de la lumière. L'huile ainsi obtenue se teinte de rouge. Il est possible d'ajouter une trentaine de gouttes d'huile essentielle de lavande à titre d'agent de conservation, de parfum et pour l'effet relaxant.

HUILE DE ROMARIN

Pour environ 60 g de romarin, couvrir avec 500 ml d'huile d'olive et faire chauffer au bain marie environ 2 ou 3 heures.

Frictionner localement pour soulager les douleurs musculaires et rhumatismes. Le romarin ayant une action réchauffante, il tonifie le corps et il est préférable de l'utiliser dans la journée et non en soirée par risque d'insomnie.

HUILE DE CAMOMILLE

Par son action calmante, la camomille agit comme anti-inflammatoire lors de douleurs névralgiques et musculaires, d'irritation de la peau. Elle se combine très bien au mille-pertuis.

Pour préparer votre huile, procéder de la manière suivante :

- Pour 500 ml d'huile d'olive, mettre 30 g de camomille et faire chauffer au bain marie.
- Filtrer, ajouter 30 gouttes d'huile essentielle si désiré et conserver à l'abri de la lumière.

<u>Teinture mère de viorne (Viburnum Opulus)</u>

Frictionner directement avec de la teinture mère pure sur les parties corporelles douloureuses. Cette plante décontracte les muscles et s'utilise très bien en usage externe.

UN PEU DE VOCABULAIRE

Voici quelques définitions des vertus des plantes afin et mieux en apprécier les effets recherchés.

Alcalinisante : élève le PH au dessus de 7, ce qui favorise l'assimilation, la digestion, la neutralisation de substances acides au niveau nerveux, digestif et sanguin.

Analgésique : qui soulage et supprime la douleur localement, directement ou indirectement via les centres cérébraux, par inhibition.

Antinévralgique : soulage les douleurs au niveau des nerfs.

Antispasmodique : action calmante au niveau du système nerveux ou d'un autre système qui permet d'inhiber les spasmes et douleurs, par exemple, en cas d'angoisse, de crises, etc.

Hypnotique : qui provoque le sommeil.

Sédatif : qui calme la douleur.

Tonique : qui stimule (l'appétit, les organes, le système immunitaire, le système nerveux par exemple) de manière à redonner de l'énergie de façon durable.

Tonicardiaque : qui stimule le coeur.

BIBLIOGRAPHIE

- Formation Herbothéque, Lantier, Québec.
- Les plantes sauvages médicinales, Anny Schneider, aux éditions de l'Homme.
- Larousse des Plantes Médicinales, édition Larousse.
- L'anxiété, comment s'en sortir, de Laurent Lacherez, aux éditions Le Dauphin Blanc.
- Entrez dans la magie, un pied dans chaque monde, de Gill Edwards, IFHE Éditions.

SI VOUS DÉSIREZ ALLER PLUS LOIN

Je vous invite à visiter mon site :
pnlcoachingdevie.com

MENTIONS LÉGALES

————

————

www.ingramcontent.com/pod-product-compliance
Lightning Source LLC
Chambersburg PA
CBHW061306120726
48001CB00001B/499